U0139288

詞譜格律原論

徐 信 義 著

文 史 哲 學 集 成
文史哲出版社印行

國立中央圖書館出版品預行編目資料

詞譜格律原論 / 徐信義著. -- 初版. -- 臺北市
文史哲, 民84
面 ; 公分. -- (文史哲學集成 ; 337)
參考書目:面
ISBN 957-547-923-8(平裝)

1. 詞 - 詞譜

852.2 84001010

文史哲學集成 ㉝⑦

詞譜格律原論

著者：徐信義
出版者：文史哲出版社
登記證字號：行政院新聞局局版臺業字五三三七號
發行人：彭正雄
發行所：文史哲出版社
印刷者：文史哲出版社
台北市羅斯福路一段七十二巷四號
郵撥○五一二八八一二彭正雄帳戶
電話：三五一一○二八

實價新台幣二四○元

中華民國八十四年一月初版

ISBN 957-547-923-8

自序

　　歌詩誦詞，沉醉於美的世界，真是大享受。坐書城，探理論，考究問題，卻是辛苦、寂寞而又充滿挑戰的情事。

　　早年欣賞詞的深婉，薰陶於詞的清雄。隨從　成楚望先生研讀《詞源》，略窺門徑；又問學於　鄭因百先生、高仲華先生，董理《碧雞漫志》，踏上研讀唐、宋詞的道路。可是庸愚駑駘，不曾有所發明。如今竟然也在大學的講壇上，談論古人的歌詞，悠游自樂。浸潤於美的經驗之餘，也體會到詞的世界裡有許多尚待研究的問題；格律即是其中之一。今天，這本小書就是思考這個問題的一點意見，敢請教於　賢明。

　　本書以三篇論文為骨幹：其一是〈詞譜格律與音樂的關係〉，曾以〈論詞的格律與音樂的關係〉之名，在「第一屆詞學國際研討會」（臺北：中央研究院，1993）宣讀，請李殿魁博士指正。其二是〈詞譜格律與語言音律的關係〉，曾在學校的討論會以及詞學專題討論課堂上發表，林慶勳兄、顏天佑兄，提供極為寶貴的意見；又在「國際宋代文學研討會」（香港：浸會大學，1994）發表，陳志誠博士、韋金滿兄，賜我極為有益的見解。衷心感謝。其三是〈詞譜格律的形成〉，是前

※

兩篇的基礎,卻完成得最晚。前兩篇收入本書時,曾略微修飾文字,觀點則不曾改易。

論文不是一時寫成的,行文的筆調、語氣也就不一致;意見也有重複之處。以「音樂」與「語言音律」這兩個不同的角度來討論「詞譜格律」這一個問題,論據難免有些參差,不易彌縫。可是,許多問題正須要從不同觀點來論議,才可能思考周密。知我者幸其諒之。

歷年來,師長的訓誨,朋友的勉勵切磋,家人的支持,使我能夠讀書,思考問題;真是感激之至。本書能夠完成,還要感謝彭先生協助出版,劉幼嫻同學幫忙鍵入部分論文。更要感謝內子,要不是她的包容與協助,真不知能否安心讀書、過日子。

一本小小的書問世了,並沒有解決甚麼大問題;反而覺得更多的問題紛然而至。謹以自勉。是爲序。

中華民國八十四年元月,於高雄市西子灣·中山大學。

※※

詞譜格律原論

目　次

自序

壹　緒論 …………………………………………………… 1

一　界說－－詞譜格律 …………………………………… 1

二　詞譜格律的研究 ………………………………………… 3

三　討論的範圍與研究的困難 ………………………………… 8

貳　詞譜格律的形成 ………………………………… 17

一　前言 …………………………………………………… 17

二　南北分立時期的歌詩 ………………………………… 18

三　隋、唐時期的聲詩 …………………………………… 24

四　詞的形成 …………………………………………… 37

五　詞譜格律的形成 ……………………………………… 45

六　結語 ………………………………………………… 55

參　詞譜格律與音樂的關係 ………………………… 57

一　前言 …………………………………………………… 57

二　歌曲、歌詞的分類 …………………………………… 59

三　遍數 ………………………………………………… 62

四　均與韻 ……………………………………………… 68

五　句法 ………………………………………………… 75

六　聲調 ………………………………………………… 84

七　結語 ………………………………………………… 89

肆　詞譜格律與語言音律的關係 ……………………………91

　　一　前言 ……………………………………………91

　　二　句法 ……………………………………………94

　　三　聲調 …………………………………………110

　　四　協韻 …………………………………………121

　　五　結語 …………………………………………130

伍　結論 …………………………………………………133

參考文獻 ………………………………………………139

壹　緒論

一、界說——詞譜格律

　　「詞」這種文類，要爲它定義是相當困難的。大體而言，詞是第九世紀中期到十三世紀末期（即晚唐到南宋後期）的燕樂歌詞。當時或稱爲曲子詞、曲子、歌詞、小歌詞、小詞、樂章、歌曲，不一而足。就本質而言，詞是詩；就文句形式而言，因爲配合歌曲的樂句形式，大體是長短不齊。但是，其中有一些問題須要澄清：第一，並不是所有的燕樂歌詞都是詞，須考慮其表演形式及是否具有文學價值；第二，隋、唐時期以詩人的五言或六言或七言等齊言詩當做歌詞的，大部分不是詞；第三，依仿歌曲的原始歌詞形式而作的歌詞，仍視爲詞；第四，第十三世紀即宋亡之後，依原始歌詞的形式而作的長短句詩，也視爲詞。^{註一} 至於它與漢、魏、六朝時期的歌詞（即「樂府詩」）的差異，主要是音樂的不同。

　　詞既然是歌詞，自然配合樂曲，可以給歌者嘔唱；因此，詞的「譜」應是樂譜，而歌詞也有其特定的語言音律。也許歌詞不出於詩人（詞人也是詩人，下文稱詞人爲「詩人」）之手，

註一　關於「詞」的定義，時賢的許多論著已有論述，拙著《詞學發微》
　　　（臺北：華正書局，1985）也曾論及。

1

可能不具文學價值;可是仍然具有詩歌音律。而且,同一歌曲,可能有不同的人為它配歌詞;即是說:同一歌曲的原始歌詞可能不只一首。同時,並非所有的詞人都通曉音樂,都有能力為樂譜配歌詞;因而許多詞人只能依照前人為樂譜所配的歌詞——可能是原始歌詞,也可能是較早的仿作歌詞——的文句形式、詩歌音律,寫作新的歌詞來歌唱。這些歌詞,大致是依原始歌詞而衍生;因此,原始歌詞實際是後起仿作歌詞的範式;其音律就成為仿作者遵循的規矩。於是詞的格律就此形成。這種情況就如同南宋時楊澤民、方千里、陳允平依周邦彥(1056—1121)詞的四聲、韻腳寫作和詞一般。至於先作詞再譜曲的,如姜夔(1155?—1121?)在他所作【長亭怨慢·序】所稱的情形,原先的詞自然是原始歌詞;是仿作者的範式。我們稱這些歌詞的範式為「詞譜」;因為它具有特定格律,故稱為「詞譜格律」,或省稱為「詞律」;而樂譜被稱為「宮譜」,原來的歌曲名則稱為「詞牌」。本篇所稱「詞譜格律」,指的是詞譜的句法(每個樂句的語言節奏組織)、聲調與韻腳。

　　有一點我們必須瞭解:不同的樂工或歌者表演同一歌曲,結果可能不同;或是同一律呂的時間長短不同,或是拍板(樂句)長短不同,或移宮換羽(即變調)而不同,或是因為師承傳授的差異而增、減部分律呂,以致於歌詞文句形式或字數不同。註二　而且當時的歌曲,據研究,還不是定量性節拍,註

表演者可以因個人體會而有不同的演出，如同崑曲的散板曲。
加以配歌詞時，也會因對歌曲的體會不同或演出效果的差異而
配出不同格律的歌詞。這就是同一詞牌可能有許多「體」的緣
故。

　　由上文推論：歌詞既然須要配合樂曲，它的格律自然會受
到音樂的影響與制約；可是歌詞本身又是詩歌，當然會受到文
學音律、語言音律的影響。這即是本書企圖說明的問題。

二、詞譜格律的研究

　　詞譜格律的研究，可以從兩方面來說：一是音樂的，二
是語言音律的。在音樂上，詞本身是歌詞，必須與樂譜相配，
如何配合？李清照（1084— ？）曾說：

> 晏元獻、歐陽永叔、蘇子瞻，學際天人；作為小歌詞，
> 直如酌蠡水於大海，然皆句讀不葺之詩爾。何耶？蓋詩
> 文分平仄，而歌詞分五音，又分五聲，又分六律，又分
> 清輕重濁。註四

者，或句法長短不等者；蓋被敎師改換。」見唐氏《詞話叢編》（臺
　　北：新文豐出版公司，1988）頁283。
註三　王風桐、張林：《中國音樂節拍法》（北京：中國文聯出版公司，
　　1992）頁37—63。
註四　胡仔：《苕溪漁隱叢話・後集》〔序於1167〕（臺北：世界書局排印

她說的五音、清輕重濁，應是指歌詞而言；五聲、六律則是樂譜之事。如何配合，並沒有說明。姜夔的《白石道人歌曲》部分作品附曲譜，也未說明詞、樂配合之理。周密（1232— ？ ）《齊東野語》曾言：「《混成集》，修內司所刊本，巨帙百餘；古今歌詞之譜，靡不備具。只大曲一類，凡數百解，他可知矣。然有譜無詞者居半。」可是《混成集（或稱「渾成集」》今已不傳；據王驥德（ ？ —1623）《曲律》卷四錄自《樂府大全》（原注：又名《樂府渾成》）的兩段樂譜，王氏以爲「蓋宋、元詞譜」，不知是否宋代刻本？若是出於宋代，或據宋刻《混成集》增補，則與姜夔詞譜相似。張炎（1248—？ ）《詞源》卷下〈音譜〉曾敍述其父張樞，「有《寄閒集》，旁綴音譜，刊行於世」，其音譜也已亡佚。又說張樞「每作一詞，必使歌者按之，稍有不協，隨即改正。」因而感歎「協音之不易也」。但也沒有說明詞、樂配合之方。其實，古人論述歌詞與樂譜配合方法的著作，恐怕已經不可得而見。

　　至於語言音律方面的研究，大抵致力於平仄與韻腳。明、清學者的著作，保存至今的重要論著，約有下列數種：

《詩餘圖譜》三卷　　明・張綖（1513年舉人）撰。

　　是書選取宋人歌詞聲調合節者一百十首彙集而成，以黑圈爲仄，白圈爲平，半黑半白爲平仄通用；先圖其平仄於前，再列詞作於後。分當平當仄、可平可仄二例。《四庫全書總目》

本，1976）卷三十三引，頁666。

卷二百說他論平仄「往往不據古詞意爲填註」，論句法「於古
人故爲拗句以取抗墜之節者，多改諧詩句之律」，校讎不精，
「殊非善本」。

《嘯餘譜》十卷　明·程明善撰

　　此書分列詞、北曲、南曲等譜，其中〈詩餘譜〉三卷爲詞
譜。《四庫全書總目》卷二百稱：「所列詞譜第一體、第二體
之類，以及平仄字數，皆出臆定；久爲詞家所駁。」

《填詞圖譜》六卷，續集二卷　清·賴以邠撰。

　　《四庫全書總目》卷二百稱其書「踵繼張綖之書而作，亦
取古詞爲譜，而以黑白圈記其平仄，顛倒錯亂，罅漏百出。」
實不足取。

《詞律》二十卷　清·萬樹撰。

《詞律拾遺》六卷　清·徐本立撰

《詞律補遺》一卷　清·杜文瀾撰

　　萬氏原書成於康熙廿六年（1687），所能見到的詞集不如
後世學者多，論述不免疏漏。徐氏《拾遺》原爲八卷，其中補
調與補體部分六卷，補注二卷。杜文瀾校刊《詞律》時，將補
注分散於萬氏原著下，故稱六卷。杜氏《詞律補遺》則又補徐
氏之不足。按：徐氏《詞律拾遺·凡例》稱：「《詞律》凡六
百六十五調，一千一百八十餘體。今補一百六十五調，爲體一
百七十九；暨補體三百十六，都凡四百九十五體。合之原書，
共八百二十五調，一千六百七十餘體。」杜氏補遺五十調。實
際上，據任二北統計：《詞律》收一千一百八十體。總計三人

所錄，共收詞牌八百七十五，體一千六百七十五。^{註五} 該書是以詞例表明平仄，於可平可仄之處，直接在詞例上注明；詞例後以敘述方式辨明句法，並指出前代圖譜缺失。《四庫全書總目》卷一百九十九指出：萬氏此書糾正《嘯餘譜》、《填詞圖譜》之訛，以及諸家詞集之舛異；詳論去聲以及句法分別，「考調名之新舊，證傳寫之舛訛，辨元人曲、詞之分，斥明人自度腔之謬，考證尤一一有據」。確實是重要著作。但是，萬氏原書兼收部分唐聲詩，徐、杜二氏所錄，又攔入唐代聲詩與元北曲，尚有可斟酌之處。近人徐棨撰《詞律箋榷》五卷，對萬氏書有所補正，可惜未竟全功。^{註六} 吷庵（夏敬觀，1875—1953）也有〈詞律拾遺補〉〈再補〉之作。^{註七}

《詞譜》四十卷　清‧王奕清等奉敕撰。

　　書成於康熙五十四年（1715），較《詞律》晚出，且由皇

註五　任二北：〈增訂詞律之商榷〉《東方雜志》二十六卷一期（1929.1）
　　　又，趙爲民等編：《詞學論薈》（臺北：五南出版社，1989）頁395
　　　—430。

註六　徐棨：《詞律箋榷》五卷，依卷次分見《詞學季刊》第二卷第二號
　　　（1935.01）頁127—162。第二卷第三號（1935.04）頁97—122。
　　　第二卷第四號（1935.07）頁83—114。第三卷第一號（1936.03）
　　　頁79—111。第二卷第二號（1936.06）頁83—103。

註七　吷庵：〈詞律拾遺補〉，《同聲月刊》第一卷十二號、第二卷一、
　　　二、四號（1941.11—1942.04）
　　　吷庵：〈詞律拾遺再補〉，《同聲月刊》第二卷五、七、八、九、
　　　十、十一、十二號，第三卷一、二號（1942.05—1943.03）

帝下令編纂，又有充足的國家圖書，因此能補正《詞律》的缺失。該書收錄詞牌八百二十六，體二千三百六；以黑、白圈表仄、平聲，一如張綖《詩餘圖譜》，並有所考訂。號稱完備；但又收入唐聲詩、北曲等，不免有瑕。

《白香詞譜》一卷　清·舒夢蘭撰。

　　本編收錄常用詞牌一百，兼有詞選性質。以黑、白圈表仄聲、平聲，半黑半白表可平可仄；有謝朝徵箋，韓楚原重編本，詳考各詞作者、作法，並加以箋釋，頗便初學。近年來又有學者加以考訂箋注。但是，該譜每一詞牌僅列一式格律，不能滿足使用者的需要；所錄詞作下及清代作品，尚有一些宋朝時作品很多的重要詞牌沒有錄入，不免有瑕。

　　本世紀以來的詞譜書甚多，比較偏於重要詞牌，不能遍及所有詞牌的考訂與研究。在臺灣地區，常見的近人著作，如嚴賓杜《詞範》、蕭繼宗《實用詞譜》、王敔彬《潄痕館詞譜》、沈英名《孟玉詞譜》、龍沐勛《唐宋詞格律》，盧元駿《四照花室詞譜》都各有勝處。也有一些詞選的書，後面附錄詞譜，以方便學者運用。然而，不管這些詞譜格律的典籍是如何精詳，考訂如何周密，大抵是格律現象的呈現。至於格律的基本理論：格律如何形成，與音樂的關係如何，與語言音律的關係如何，幾乎沒有討論；至多是在「序」或「凡例」中略一言及而已。

三、討論的範圍與研究的困難

　　詞譜格律的研究，可以分為兩部分：第一、原理的探討，即基本理論論的研究：綜合討論詞譜的形成，格律的形成，格律與音樂的關係以及格律與語言音律的關係；第二、個別詞譜格律的研究：即是考訂個別詞譜的產生，歌曲特性以及文句的節奏（即句法）、聲調、韻腳。目前所見詞譜研究的書籍，大體是以第二部分的研究為主，注重聲調、韻腳，以及節奏的討論。第一部分的研究，只有極少數論文討論其中的部分問題；至於整體的討論，除了詞學通論之類的書籍略有論述外，至今還沒有比較完整的論述。

　　本書企圖彌補目前詞譜格律研究的不足，從事基本理論的討論。研究重點是詞譜格律的形成，詞譜格律與音樂、語言音律的關係。至於個別詞譜格律，除了論述中徵引之外，不擬討論。

　　在目前的環境下，要研究詞譜格律的原理，有許許多多的困難與限制。其一是音樂文獻不足；其二是唐、宋時期的語音研究，還未達到審明聲調值的地步。因此，在討論的過程中，須要以推論的方式出之，結果是否合乎當時的現象，仍然不能確知。例如：在不能確知語言聲調值的情況下，討論平仄四聲與音樂配合的關係，其實只是推測，未必合乎當時情況。又如：詞的聲腔為何，是接近現存的崑腔、京腔、南管腔、北管腔或其它地方聲腔？聲腔不明，對四聲平仄與音樂配合的關係

之研究，仍然是一大障礙。試以一般歌曲如民歌來看，流行的唱法與美聲唱法即有很大的差異。若以不同系統的方音唱同一首歌曲，藝術效果即大不相同；歌詞的聲調也未必能與樂曲旋律配合。於此可以看出語音與聲腔對格律的影響。近年來，不少學者試圖透過地方戲曲音樂的研究，來考察詞樂的可能狀態；用力甚勤，所獲得的成果，就詞樂研究來說，雖有助益，未必能夠讓我們明瞭詞樂的實際情況。

　　在進入問題討論之前，擬將目前相關資料不足之處，提出說明。

（一）音樂與歌唱

　　現今我們所能見到的唐、宋樂譜，真正屬於詞樂的，大概只有姜夔《白石道人歌曲》中的樂譜最可靠。至於王驥德《曲律》卷四所言文淵閣所藏刻本《樂府大全》，「蓋宋、元時詞譜」，應當可信；但是他所轉錄的〈弴聲譜〉，極為簡短，又無歌詞，〈小品譜〉兩段歌詞皆甚短小，與姜氏譜相似而有所差異。可惜他沒有錄下更多的樂譜，以至於我們今日缺乏可供討論的資料。而宋末陳元靚《事林廣記》戊集錄【願成雙】賺詞樂譜一套，屬「賺」，與小唱之詞不同，不可一概而論。關於姜夔詞譜的研究，須與沈括《夢溪補筆談》、朱熹〈琴律說〉、姜夔〈古今譜法〉、張炎《詞源》、陳氏《事林廣記》所提到的工尺字譜與相關資料一併討論，纔可能有所成就。從清代以來，不少學者從事姜譜的研究，如陳澧、戴長庚、張文

〇

虎、鄭文焯、夏承燾、丘瓊蓀、趙尊嶽、饒宗頤、關志雄，都有出色的成績；楊蔭瀏、陰法魯《宋姜白石創作歌曲研究》實爲重要的論著。林明輝《宋姜夔詞譜研究》從音樂學的角度研究，與舊日研究方式不盡相同。至於各家譯譜，不論是工尺譜或五線譜，縱使據譜歌唱；由於詞的聲腔至今未明，所唱是否爲歌詞的重現，仍值得商榷。

　　宋代樂譜而外，今日尚可考見部分唐代樂譜。最重要的是發現於敦煌而保存於法國巴黎編號爲 Pelliot chinois 3808v（下文編號省稱爲「p.」）的手抄卷子，今稱爲《敦煌琵琶譜》或《敦煌曲譜》或《敦煌譜樂》，其實還包含編號 P.3539 的二十個譜字和 P.3719 的殘譜。研究該樂譜成就斐然的學者，如林謙三、饒宗頤、葉棟、陳應時、何昌林、趙維平、席臻貫；他們的研究，使我們對該樂譜有較清楚的瞭解。林氏、葉氏、陳氏、席氏並有譯譜；葉、席二氏並配上敦煌發現的曲子詞或唐詩，交予樂團演唱，錄成有聲出版品。就所錄製錄音帶考察，所唱歌曲是否近於唐音，仍有待商榷。另一重要樂譜，是藏於日本京都陽明文庫的《五弦琴譜》，實爲五弦琵琶譜，又稱《五弦譜》。據學者研究，該卷抄寫時間大約在西元十一世紀，原卷是第九世紀之物。研究的學者，如林謙三、葉棟、何昌林、趙維平、R. F. Wolper 都有相當優秀的成績。葉棟譯譜也配上唐詩或敦煌曲子詞。這些唐時的琵琶譜，如何配歌詞？如何演唱？今日只能推測；結果是否接近原貌，實在不可得知。時代久遠，唱法無考，也無可奈何了。

　　至清代，周祥鈺等編《九宮大成南北詞宮譜》八十卷、閏一卷，部分爲詞，大半爲曲；許寶善《自怡軒詞譜》六卷，謝元淮《碎金詞譜》十四卷、續六卷，皆以工尺記樂譜，兼記板眼。雖稱爲「詞譜」，實際是崑曲曲譜；不可即視爲詞樂譜。此外，在日本還流存魏皓《魏氏樂譜》。魏氏四世祖於崇禎（1628—1644）間渡海居日本。魏譜收詩、古樂府、唐詩、唐宋明人詞共五十三首，據趙尊嶽、饒宗頤研究，該譜雖然可能保存古遺音，但其中所錄詞譜，仍非宋詞歌法。註八

　　近年發現：在陝西西安何家營鼓樂社保存的古樂譜中，有些樂曲與唐、宋「大曲」同名；北京智化寺「京音樂」的曲牌，有的與宋詞同名；雲南《大理洞經古樂》，也有傳自明代的樂譜，其中有的曲子與唐、宋詞牌同名。此外，許多地方戲曲音樂中，也有不少曲子的名稱與詞牌相同。這些與詞牌同名的曲子，是否與宋詞樂關係密切，或是已受明代南曲或其它聲腔影響，還須進一步研究。

　　至於詞的唱法如何？張炎《詞源・謳曲旨要、音譜、拍眼》雖曾論及，近世學者也徵引許多文獻，加以說明，如蔡楨《詞源疏證》、劉紀華《張炎詞源箋訂》，其實仍然不能明白。因爲音樂是時間藝術，每次演出，不可能完全一樣。而且歌曲演唱是一種技藝，其巧妙精微之道，「雖在父兄，不能以

註八　趙尊嶽：〈讚魏氏樂譜記〉，姚莘農編《詞樂叢刊》第一集（香港：南風出版社，1958）頁125—147。
　　　饒宗頤：〈魏氏樂譜管窺〉，《詞樂叢刊》第一集，頁149—223。

移子弟。」更何況文字描述！因此，縱然論唱文獻萬千，也無法使我們瞭解如何「唱」，瞭解演唱的成績如何。如同我們面對許多崑曲曲譜，若沒有人教授，以實際演唱教導；也無法唱出崑曲。就現存姜夔詞樂譜來說，解讀已經是艱難的工作，何況是唱？即使明、清時人，將姜譜譜成當時樂譜，卻已不是宋詞模樣，而成為明、清之樂。上文所述《九宮大成南北詞宮譜》諸樂譜書，即是崑曲。童斐《中樂尋源》已經指明。^{註九}換個角度說：即使是精確記譜的現代五線譜，注明強弱、遲速表情記號，不同的音樂家來演奏或演唱，也不會相同；若以不同的唱腔，流行樂、民歌或美聲唱法來唱，出入更大。因為唱腔牽涉到語音的配合問題，唱腔不明，歌詞配樂就不容易進行。當代人論當時樂，有當代音樂表演可以印證，可以討論各種技巧；面對不合律的歌詞，還知道如何「融聲」；《詞源·謳曲旨要》稱：「腔平字仄莫參商，先須道字後還腔」即是此論。時移世易，詞的唱法失傳，想要以有限的資料來討論唱法，討論音樂與歌詞如何配合，將是事倍功半，甚至無所收穫。所以本篇對於這個問題，不敢討論，也無法討論。

（二）語言研究

　　在臺灣地區，語言學已有良好基礎；古漢語聲韻的研究，成果極可觀。古漢語的瞭解，自然有利於文學音律的討論，也

---

^{註九}　童斐：《中樂尋源》（臺北：學藝出版社影印，1976）卷下，頁21
　　—28。

有益於古典文學的研究。不過，目前較發達的是聲韻學。就詞學研究來說，除了聲韻學之外，語法學、詞彙學，都是極有助益的學問。詞譜格律的研究，是詞學中的一部分，必須借助於聲韻、語言節奏的研究成果。詞是詩歌中的一支，是韻文，要講究押韻、平仄四聲，更要講究句子的節奏組織——句法。關於盛行「詞」的晚唐、宋代時期，其聲韻情況，已有學者研究：或者研究一個時代的詞韻，如李達賢《五代詞韻考》，金周生《宋詞音系入聲韻部考》；或者研究一家詞的詞韻，如許金枝《東坡詞韻研究》、王支洪《清真詞研究》、黃瑞枝〈王碧山詞韻探究〉；或研究某一特殊曲子詞的詞韻，如饒宗頤〈敦煌曲韻譜〉。這些大致是藉著詞韻來說明聲韻，尤其是韻部的分合；至於聲調研究，仍然不足。聲調研究，不當僅止於四聲分類而已；聲調值的瞭解，最有助於詞譜平仄的討論。

大約西元五世紀時，沈約（441—513）等人為文，已重視四聲。註一〇 四聲是漢語的聲調。其區別，相傳沈約以「天子聖哲」來回答皇帝的疑問。後世有「辨四聲口訣」：

平聲平道莫低昂，上聲高呼猛力強。
去聲分明直遠送，入聲短促急收藏。

註一〇　蕭子顯（489—537）《齊書》：「沈約、謝朓、王融，以氣類相推，文用宮商，平上去入，為四聲，世呼永明體。」

大約是說中古音。後來逐漸演變，在詩文上，四聲轉爲平仄兩類的平仄律。^{註一} 就音樂文學的立場而言，詞，它不應只講究平仄；而應講四聲。因爲樂曲旋律有高低，語言四聲聲調也有高低，兩者的高低變化，互相配合，歌曲必可美聽悅耳。在當時，以當世語音唱當時的歌曲，容易口吻調利，詩、樂配合。精通音樂的詩人，所作的歌詞，必能流行於世。而不知音樂的詩人，也可以知樂者所作的作品爲範式，作出合樂的歌詞。

　　時移世易，晚唐迄於現代，語音已有很大的變化。行於唐代的語音，已成爲中古音，宋代的成爲近古音；與現代漢語差異很大。因此，我們想依據樂譜來論歌詞的四聲，若不知聲調值，將不可能獲得理想的結果；反過來說，不知聲調值，只依據籠統的四聲觀念，討論歌詞是否協律，是否合樂，也是粗糙的，不精密的；不可能獲得理想的結論。

　　於是有人想用現代方音來替代唐、宋語音。依一般學者的意見，閩語保存了相當多的中古音，客語保存宋代近古音。可是，閩語、客語一樣隨著時代環境而變化，它們的四聲的聲調會改變。試以現代客家方言爲例，高更生等人研究（以五度制標示聲調值）：梅縣的陰平 44，陽平 11，上聲 31，去聲 42，陰入 21，陽入 4。^{註二} 臺灣地區的客家話，分爲四縣與海陸豐

---

^{註一}　謝雲飛：〈從文鏡秘府論中看平仄律的形成〉，《文學與音律》
　　　（臺北：東大圖書公司，1978）頁69—84。
　　　王力：《漢語詩律學》（上海：上海教育出版社，1988）頁6—7。
^{註二}　高更生等：《現代漢語》（濟南：山東教育出版社，1984）附錄一

兩個次方言，其根源應是一樣，據羅肇錦研究，兩者四聲調型
卻相反：　註一三

	陰平	陽平	上聲	陰去	陽去	陰入	陽入
四　縣	24	11	31		55	32	55
海陸豐	53	55	13	31	11	55	32

梅縣爲四縣之一。然則要以哪個次方言爲準？閩方言也一樣，
依高更生等表：

	陰平	陽平	上聲	陰去	陽去	陰入	陽入
福州	44	52	31	213	242	23	4
廈門	55	24	51	11	33	32	5

兩個次方言有如許差異。其實閩語尚有其它次方言，要以何者
代表可能的唐代語音？這是目前未能解決的問題。因此想以平
仄四聲聲調來討論詞、樂配合的問題，將是困難重重。何況還
有詞樂聲腔不明的問題。

　　我們現在固然無法明瞭唐、宋語音的聲調值，又不知道詞

〈聲調對照表〉，頁96。
註一三　　羅肇錦：《台灣的客家話》（臺北：台原出版社，1990）頁　183—
　　184。

樂的聲腔,實在無法討論四聲與音樂配合的方式。但是,唐、宋的語言雖已隨時代轉移變化而不可詳知,現代漢語方言中,卻仍然可以找到它的後裔;縱使有所變易,其聲調系統還保存原來的結構型態。即使現代漢語的北方語系,四聲中已沒有入聲,原來的入聲派入平上去三聲;可是平聲分爲陰平、陽平,還是成爲四個聲調。因此,以現代漢語,不管是否有入聲,來誦讀唐、宋詞,或金、元暨以後的詞,仍然可以產生語言的音律之美,感受其聲韻之美;只是此等詞的語言之美,當與唐、宋人所感受的不同。這即是本書在詞的語言已經變易,音樂已經失傳之後,仍然要討論平仄聲調的緣故。

由於上述的種種因素,要討論詞的格律之所以形成,實在極爲困難;所獲致的成果是否合乎當時的情況,也不敢堅信其必然。

貳　詞譜格律的形成

一、前言

　　詞譜格律是如何形成的？從〈緒論〉似乎可以看出端倪；其實事情並不是如此單純。

　　首先是詞樂的問題。詞的音樂，在唐代稱爲「俗樂」或新聲，宋代稱爲「燕樂」；其來源是第四世紀末從西域傳到中原的西域音樂，或稱「胡樂」。經過漫長的時間，胡樂與中國音樂相互影響，在第八世紀前半期的唐朝天寶年間，終於形成一種既非西域音樂也不是中國漢、晉舊樂的「新聲」。[註一] 新聲的流行，雖然不致於使得漢、晉舊樂（即「清商樂」或稱「清

註一　關於詞樂的興起，已有許多學者的論文討論；中國音樂史的著作，如楊蔭瀏《中國古代音樂史稿》，張世彬《中國音樂史論述稿》，日本國岸邊成雄《唐代音樂史的研究》，都有詳細的討論：其間不免有些出入。張夢機《詞律探原》（臺北：臺灣師範大學博士論文，1981）曾評騭各家之說，頁37—121。筆者曾據王灼《碧雞漫志》（序於1149）卷一所說：「蓋隋以來，今之所謂曲子者漸興。」撰爲〈唐宋曲子漸興於隋說〉一文，刊《慶祝陽新成楚望先生七秩誕辰論文集》（臺北：文史哲出版社，1981）頁559—586；拙著《詞學發微》（臺北：華正書局，1985），第一篇第二章〈詞的音樂〉曾論及詞樂源流，可以參看，頁42—50。

樂」）完全消失，但或多或少使清樂有所改變；而且新聲既然
是當時的主流，清樂縱然存在，勢力恐怕也日趨衰微。這種新
聲的流行，使中國音樂有新的風貌。雖然有人不承認這種新音
樂能促進詞樂的發展。^{註二} 沒有俗樂、燕樂，是否就沒有詞，
固然不能斷言；但是，詞是這種音樂的歌詞，卻是千真萬確。

其次，在「詞」這種歌詞出現以前，上溯到四世紀末西域
音樂輸入之時，中原地區的歌詞，除了漢、魏所傳「清商樂」
歌詞之外，是甚麼形式的歌詞？是否有新形式的歌詞？考察現
存文獻，可知大約是以詩為歌詞。任半塘稱這類詩為「聲
詩」。^{註三} 以詩為歌詞，如何與音樂配合？它的格律又如何？
這種形式的歌詞，與「詞」是否有關係？其差異又如何？這也
是值得考慮的問題。

二、南北分立時期的歌詩

中國自西元317年晉元帝在建康即位，以迄西元588年隋文帝
滅陳的這一段時間，是南、北分立的局面。南方的長江、淮河

註二　洛地：〈“詞”之為“詞”在其律—關於律詞起源的討論〉，《文學
　　評論》（1994年2期）頁5-14。
註三　任半塘《唐聲詩》（上海：上海古籍出版社，1982.）一書，詳細討論
　　唐代和樂的詩歌；也上溯隋代的聲詩。

流域由漢民族統治；北方黃河流域，即中原地區，由北方民族
——胡人統治。據《隋書》卷十五〈音樂志〉記載：大約從西
元第四世紀末期，中原地區逐漸輸入西域音樂，如西涼樂、龜
茲樂、天竺樂；在第六世紀時，大盛於公卿、閭閻間。這個時
期的南方地區，原是流行清商樂，卻也逐漸輸入了胡戎樂。如
《樂府詩集》卷七十四錄王融（468—494）〈陽翟新聲〉，並
引《隋書・樂志》說是西涼樂曲，「生於胡戎歌」。

　　當時的歌詞，南方是以漢、晉以來的清商樂爲主，並吸收
吳聲歌曲、西曲歌，仍稱爲清商。^{註四} 魏、晉時期的清商樂，
歌詞見於沈約（441—513）《宋書・音樂志》、房玄齡（578
—648）等《晉書・樂志》。吳聲歌曲，據郭茂倩《樂府詩
集》卷四十四所述，則是東晉、南朝時江南吳地的歌曲，如
【子夜歌】四十二首，錄一首爲例：

　　　落日出前門，瞻矚見子度，冶容多姿鬢，芳香已盈路。

註四　沈約：《宋書》卷十九：「吳哥雜曲，並出江東；晉、宋以來，稍有
　　　增廣。」（臺北：藝文印書館據清乾隆武英殿本影印）葉十八，頁275
　　　下。

　　　魏收：《魏書・樂志》：「初，高祖（按：魏孝文帝）討淮、漢（495—
　　　499），世宗（按：魏宣武帝）定壽春（500A.D.），收其聲伎，得江
　　　左所傳中原舊曲【明君】【聖主】【公莫】【白鳩】之屬；及江南吳
　　　歌，荆、楚西聲，總謂之『淸商』。」（臺北：藝文印書館據淸乾隆
　　　武英殿本影印）卷一百九，葉二十，頁1363下。

實是五言四句詩；陳朝釋智匠《古今樂錄》說：「凡歌曲終，皆有送聲：【子夜】以『持子』送曲，【鳳將雛】以『澤雉』送曲。」註五「送曲」不載於歌詩中，可見上文所引詩歌並不是歌唱時的形態。這些詩的格律，或平或仄，並無定格，歌唱時當須樂工選詞配樂。至於西曲歌，《樂府詩集》卷四十七稱：「出於荊、樊、郢、鄧之間，而其聲節、送和，與吳歌亦異。」是西曲歌有和、送聲。同卷又引《古今樂錄》，指出哪些樂曲是歌曲，或是舞曲或並爲倚歌。同書卷四十八載【襄陽樂】九首，錄一首爲例：

朝發襄陽城，暮至大堤宿。大堤諸兒女，花豔驚郎目。

同卷引《古今樂錄》：「【襄陽樂】者，宋隋王誕之所作也。……歌和中有『襄陽來夜樂』之語。舊舞十六人，梁八人。」則本曲兼爲舞曲，有和聲；和聲不載於歌詞中。而詩的格律，也是平仄不一致。又如【青陽度】一首：

隱機倚不織，尋得爛熳絲。成匹郎未斷，憶儂經絞時。

《古今樂錄》曰：「【青陽度】，倚歌。凡倚歌，悉用鈴鼓，

註五　郭茂倩：《樂府詩集》(臺北：世界書局據宋刊本影印，1967)卷四十四，葉三下引，頁1186。

無弦，有吹。」則是演出方式的差異。歌詞是五言四句詩。而有的曲子兼爲舞曲、倚歌，如【孟珠】【翳樂】，其歌詞也是五言四句詩，演出時可能不是依詩句演唱，而須樂工選詞以配樂；如同魏、晉時樂工「撰舊詞施用」做爲三調歌詞一樣。[註六]關於「和聲」「送聲」的問題，王運熙已有論文討論：可以參看。[註七]

　　至於西域傳來的音樂，歌詞散見《樂府詩集》。但是很不容易辨認何者是隋以前的，何者是隋以後的樂曲。開元時太樂令劉貺〈太樂令壁記〉曾說：「自周、隋以來，管弦雜曲數百，多用西涼樂；鼓舞曲多用龜茲樂。」[註八] 爲敘述方便，姑且以《樂府詩集・近代曲辭》所錄爲隋、唐時曲，其餘則據作

[註六] 參見《樂府詩集・相和歌辭》所錄魏武帝曹操(155—220)、文帝曹丕、明帝曹睿的詩，被譔爲歌詞時，「本辭」——即原作，與「魏樂所奏」或「晉樂所奏」的章句有所不同。又可參考余冠英〈樂府歌詞的拼湊與分割〉《漢魏六朝詩論叢》（臺北：鼎文書局影印，《中古文學概等五書》之一，1977）頁26—38。

[註七] 王運熙：〈論六朝清商曲中之和送聲〉，《六朝樂府與民歌》（臺北：鼎文書局據1955年版影印，《中古文學概等五書》之一，1977）頁102—120。

[註八] 王應麟(1223—1296)《玉海》卷一〇五。按：劉昫《唐書》卷一〇二〈劉子玄傳〉：「(開元)九年(721)長子貺爲太樂令犯事配流，子玄詣執政訴理。」是劉貺曾爲太樂令。〈太樂令壁記〉三卷已佚，《玉海》卷一〇五曾錄篇目並序及部分文字。

者或相關資料視爲隋以前歌曲。

　　按：《樂府詩集》卷廿五錄「梁鼓角橫吹曲」，據該書引《古今樂錄》之語，可知其中有「胡吹舊曲」，即是胡戎樂；錄原爲「北歌」——北狄樂——的【企喻】四首之一：

　　　　男兒欲作健，結伴不須多。鷂子經天飛，群雀兩向波。

原注：「曲四解」；又如【慕容家自魯企谷由歌】（目錄「谷、由」兩字互乙）：

　　　　郎在千重樓，女在九重閣。郎非黃鷂子，那得雲中雀。

原注：「右一曲，四解」。又如【雀勞利歌辭】：

　　　　雨雪霏霏，雀勞利。長觜飽滿，短觜飢(一作「利」)。

原注:「右一曲:曲四解。」所謂「解」，意義還不十分清楚。按：《樂府詩集》卷廿六：「凡諸調歌詞，並以一章爲一解。《古今樂錄》曰:『傖歌以一句爲一解,中國以一章爲一解。』王僧虔〈啓〉云:『古曰章,今曰解；解有多少。當時先詩而後聲；詩敘事,聲成文。必使志盡於詩,音盡於曲；是以作詩有豐約,制解有多少』。」則「解」當是樂曲。王僧虔的解說，似乎合於清商三調，「以一章爲一解」。上文所錄三曲，

似乎是「傖歌以一句爲一解」；但意義仍然不清楚。楊蔭瀏以
爲「解」是在歌唱之後加上的樂器演奏，如隋、唐音樂的「解
音」。^{註九}　然上文所錄歌詞，格律也不一致。又《樂府詩集‧
雜曲歌辭》中也有胡戎樂，如卷七十五錄魏收（506—572）
【永世樂】：

> 綺窗斜影入，上客酒須添。翠羽方開美，鉛華汗不霑。
> 關門今可下，落珥不相嫌。

卷七十八錄溫子昇(495—547)【燉煌樂】：

> 客從遠方來，相隨歌且笑。自有燉煌樂，不減安陵調。

皆是五言詩，平仄並不嚴格。

　　由上所述，可知不論是清商樂或胡戎樂，今存歌詞似爲詩
的形式，但格律並不嚴密；至於與音樂如何配合，已不可得而
知。文獻不足，莫可奈何！

註九　楊蔭瀏：《中國古代音樂史稿》第一冊（臺北：丹青圖書公司重排印
　　本，1985）頁114—118。

三、隋唐時期的聲詩

　　第六世紀時的中原地區，盛行胡戎樂；包括西域音樂及北狄等四方樂。這在長孫無忌（?—659）等所撰的《隋書‧音樂志》，杜佑(735—812)《通典‧音樂典》，以及有關中國音樂史的論述中，已有詳細的論述，不待贅言。甚至有樂工「封王開府」，[註一○] 於此可見一斑。西元581年，楊堅篡北周稱帝，國號隋，589年滅陳，統一天下。於讌饗置七部樂：國伎、清商伎、高麗伎、天竺伎、安國伎、龜茲伎、文康伎；又有疏勒、扶南、康國、百濟、新羅、倭國等伎。國伎即西涼伎。大業中(605—617)隋煬帝乃定清樂、西涼、龜茲、天竺、康國、疏勒、安國、高麗、禮畢以為九部樂。清樂即清商樂；禮畢即文康，屬清樂。大業六年(610)煬帝「大括魏、齊、周、陳樂人子弟，悉配太常。並於關中為坊置之。」[註一一] 於是漢、晉舊樂的清商樂，與胡戎樂有相互影響、融合的機會。

　　西元618年,唐高祖即位；讌饗沿用隋的九部樂。太宗貞觀十六年(642)奏十部樂。「又有新聲自河西至者,號胡音聲,與龜茲樂、散樂俱為時重諸樂咸為之少寢。」[註一二] 玄宗好音樂，

註一○　長孫無忌等：《隋書》（臺北：藝文印書館據清乾隆武英殿本影印）
　　　　卷十四述北齊後主(565—576在位)時事，葉十九，頁181上。

註一一　同上，卷十五葉二十六，頁204下。

註一二　杜佑：《通典》（臺北：大化書局據明本影印）卷一四六〈四方樂〉條。
　　　　葉十，頁1220下。

開元(713—741)初，設坐部伎六、立部伎八。又設左、右教坊、內教坊「以居新聲、散樂、倡優之伎」。^{註一三}又於聽政之暇，「選坐部伎子弟三百，教於梨園；聲有誤者，帝必覺而正之，號『皇帝梨園弟子』。宮女數百，亦爲梨園弟子，居宜春北院。梨園法部更置小部音聲三十餘人。」^{註一四}太常又有別教院，教供奉新曲。當時「凡樂人、音聲人、太常雜戶子弟，隸太常及鼓吹署，皆番上，至數萬人。」^{註一五}可見其盛況。當時許多著名樂人，尤其是琵琶工，來自西域。^{註一六}而且源自鄭譯所傳蘇祇婆琵琶調的俗樂二十八調，也在此時完成。^{註一七}

　　隋、唐時期新聲的歌詞，就現存文獻看，在長短句歌詞還沒有通行以前，大抵是詩；可以稱爲聲詩。如隋煬帝命樂正白

註一三　歐陽脩等：《新唐書》卷二十二，葉二，頁242下。

註一四　同上註，葉四，頁243下。

註一五　同上註。

註一六　桑原騭藏：《隋唐時代西域人華化考》〔原名《關於隋唐時代來住中國之西域人》〕（臺北：新文豐出版公司據1936年本影印，1979）頁65—76。

　　向達：〈唐代長安與西域文明〉，《唐代長安與西域文明》（臺北：明文書局影印，1981）頁56—74。

註一七　岸邊成雄：《唐代音樂史的研究》〔梁在平、黃志炯譯〕（臺北：臺灣中華書局，1973）以爲俗樂二十八調的成立，在天寶十三年。頁45。

　　林謙三：《隋唐燕樂調研究》〔郭沫若譯〕（臺北：鼎文書局影印《近古文學概論等三書》之一，1974）以爲唐俗樂二十八調承襲隋代鄭譯所傳的蘇祇婆琵琶調，該樂調則又源自龜茲樂調。頁13—52、69。

明達創作新聲,中有【泛龍舟】一曲。^{註一八} 《樂府詩集》錄煬帝〈泛龍舟〉詩一首:

> 舳艫千里泛歸舟,言旋舊鎮下揚州。
> 借問揚州在何處,淮南江北海西頭。
> 六彎聊停御百丈,暫罷開山歌棹謳。
> 詎似江東掌閒地,獨自稱言鑑裡遊。^{註一九}

七言八句,疑是曲子的歌詞。又卷七十九至卷八十二〈近代曲辭〉所錄諸辭,郭氏稱:「近代曲者,亦雜曲也;以其出於隋、唐之世,故曰『近代曲』也。」其中錄有隋煬帝、王冑【紀遼東】各二首,薛道衡【昔昔鹽】,煬帝【江都宮樂歌】,丁六娘【十索】四首,爲隋代歌詞。【紀遼東】八句,七言、五言相間,換韻;錄煬帝作一首:

> 遼東海北翦長鯨,風雲萬里清。
> 方當銷鋒散馬牛,旋師宴鎬京。

註一八 同註九,卷十五〈龜茲〉條,葉三十二,頁207。

註一九 同註五,卷四十七,葉四上,頁1237。郭氏列在「清商曲辭・吳聲歌曲」下。按:若該詩爲【泛龍舟】歌詞,則是新聲,不當列爲清商樂;因爲樂正白明達是西域人,見桑原騭藏《隋唐時代人華化考》,而且隋是北朝之後,當時大行「新變」,即新聲。

前歌後舞振軍威，飲至解戎衣。

判不徒行萬里去，空道五原歸。

句法為 7A‧5A。7，5A。7B‧5B。7，5B。(英文字母表韻部；「‧」「。」表協韻‧)極似後來的「詞」。薛道衡的【昔昔鹽】一首五言二十句，無名氏一首五言八句。唐時趙嘏依薛氏所作廣為二十章，每章八句；然則薛氏所作似乎不是配合音樂曲拍而作。

　　至於唐代歌詞，大抵取詩篇為歌詞，據下文徵引文獻可以得知。按：舊《唐書‧音樂志》：註二○

> (開元)二十五年(737)，太常卿韋縚令博士韋逌、直太樂
> 尚沖、樂正沈元福、郊社令陳虔、申懷操等，詮敍前後
> 所行用樂章為五卷，以付太樂、鼓吹兩署，令工人習之。
> 時太常舊相傳有宮商角徵羽讌樂五調歌詞各一卷，或云
> 貞觀中侍中楊仁恭妾趙方等所詮集，詞多鄭衛，皆近代
> 詞人雜詩；至縚，又令太樂令孫玄成更加整比為七卷。

可知當時及唐初的讌樂歌詞是詩人的詩篇。唐朝薛用弱《集異記》曾記載開元間詩人王昌齡、高適、王之渙會飲旗亭，有歌

註二○　劉昫：《舊唐書》(臺北：藝文印書館據清乾隆武英殿本影印)卷三十，
　　葉一，頁577上。

妓唱三人詩篇的故事；所唱的詩都是絕句。[註二一]《碧雞漫志》（序於1149）卷一曾徵引雜記、史傳，以敘述唐朝時歌唱詩人詩篇的情況，錄於下：

唐時古意亦未全喪。【竹枝】【浪濤沙】【拋毬樂】【柳枝】，乃詩中絕句，而定為歌曲。故李太白【清平調】詞三章，皆絕句。元、白諸詩，亦為知音者協律作歌：白樂天守杭，元微之贈云：「休遣玲瓏唱我詩，我詩多是別君詞。」自注云：「樂人高玲瓏能歌，歌予數十詩。」樂天亦〈醉戲諸妓〉云：「席上爭使君酒，歌中多唱舍人詩。」又〈聞歌妓唱前郡守嚴郎中詩〉云：「已留舊政布中和，又付新聲與豔歌。」元微之〈見人詠韓舍人新詩戲贈〉云：「輕新便妓唱，凝妙入僧禪。」沈亞之送人序（按：〈序詩送李膠秀才〉）云：「故友李賀善撰南北朝樂府古詞，其所賦尤多怨鬱悽豔之句。誠以蓋古排今，使為詞者莫得偶矣。惜乎其中亦不備聲歌弦唱。然《唐史（按：《新唐書》》稱：李賀樂府數

十篇，雲韶諸工皆合之弦管。又稱:李益詩名與賀相埒。
每一篇成，樂工爭以賂求取之，被歌聲，供奉天子。又
稱：元微之詩，往往播樂府。《舊史(按:《舊唐書》)亦
稱：武元衡工五言詩，好事者傳之，往往被于管弦。…
（按：下引「旗亭畫壁」故事。）

正說明唐時人往往以詩人詩篇配入樂曲做爲歌詞。胡仔《苕溪
魚隱叢話‧前集》卷廿一引《蔡寬夫詩話》云：註二二

　　大抵唐人歌曲，本不隨聲為長短句，多是五言或七言
　　詩；歌者取其辭與和聲相疊成音耳。予家有古【涼州】
　　【伊州】辭，與今遍數悉同，而皆絕句詩也。豈非當時
　　人之辭為一時所稱者，皆為歌人所竊取而播之曲調乎！

這些說法，可以在《樂府詩集》獲得印證。該書〈近代曲辭〉
所錄，即隋、唐雜曲，或是大曲、法曲；曲詞並不限於絕句；
也有律詩。試略說明於下。註二三

註二二　胡仔：《苕溪漁隱叢話‧前集》(臺北：世界書局，1976)頁141—
　　　　142。
註二三　梅應運《詞調與大曲》(香港:新亞研就所)曾據《樂府詩集》所錄以
　　　　論唐代大曲與詞牌的關係。拙著《詞學發微‧詞體的形成》(臺北：華
　　　　正書局)也曾論述唐人以詩為歌詞的現象；本節所述，部分取之於此。

　　按:《樂府詩集》所錄大曲,如【水調】【涼州】【伊州】【大和】【陸州】,歌詞爲五言或七言絕句詩。法曲摘遍,如【思歸樂】【聖明樂】,五言絕句,【火鳳】五言律詩。大曲摘遍,如【甘州】爲五言絕句,【胡渭州】【何滿子】爲五言絕句或七言絕句,【簇拍陸州】【涼州】爲七言絕句,【石州】二句七言六句五言。註二四　其它雜曲,依形式之爲五言或七言,分列于下:(不加"【】"符號)

　　　　五言絕句：金殿樂、濮陽女、墻頭花、楊下採桑、長命
　　　　　　　　　女、醉公子、太平樂、歎疆場、征步郎、山
　　　　　　　　　鷓鴣、相府蓮、崑崙子、祓禊子、穆護砂、
　　　　　　　　　戎渾、戰勝樂、浣沙女、一片子、紇那曲、
　　　　　　　　　宮中樂。
　　　　七言絕句：蓋羅縫、水鼓子、鎮西、千秋樂、春鶯囀、
　　　　　　　　　如意娘、楊柳枝、浪濤沙、鳳歸雲、雙帶子,
　　　　　　　　　婆羅門、上巳樂、清平調、雨淋鈴、桂華曲.
　　　　　　　　　渭城曲、竹枝、金縷衣、踏歌行、欸乃曲。
　　　　五言律詩：採桑、簇拍相府蓮、劍南臣、昇平樂、宮中
　　　　　　　　　行樂詞。
　　　　五言六句：抛毬樂、踏歌詞。
　　　　六言四句：塞姑、回波。

註二四　同註五,所錄歌詞依文意,似爲二首:其一爲前兩句爲七言,後兩句
　　　五言;其二爲五言絕句。卷七十九葉一二上,

七言六句：回紇。

　雜言詩：達摩支。

五言或七言絕句：天長地久詞、何滿子[?]。

五言絕句或雜言詩：拜新月。

五言絕句或五言律詩：鷓鴣詞。

五言律詩或七言絕句：離別難。

七言絕句或六言八句：破陣樂。

七言絕句或五言、七言律詩：大酺樂。

此外，【十二月詞】或絕句或律詩或為五、七言古體詩。又有部分歌詩似非歌詞；如白居易(772—846)〈聽歌六絕句〉詩之〈樂世〉〈何滿子〉被列為歌詞，實非是。至於【調笑】【憶江南】【瀟湘神】，已是長短句形式，當視為「詞」。

　　為便於瞭解唐代歌唱詩人之詩的情況，錄數首作品為例：大曲如【伊州】，有「歌」有「入破」，為典型大曲：

　歌第一

秋風明月獨離居‧蕩子從戎十載餘‧征人去日慇勤囑，歸鴈來時數寄書。

　第二

彤闈曉闢萬鞍迴‧玉輅春遊薄晚開‧渭北清光搖草樹，州南嘉景入樓臺。

　第三

聞道黃花戍，頻年不解兵·可憐閨裡月，偏照漢家營。

第四

千里東歸客，無心憶舊遊·掛帆游白水，高枕到青州。

第五

桂殿江烏對，彤屏海鷰重·秖應多釀酒，醉罷樂高鐘。

入破第一

千門今夜曉初晴·萬里天河徹帝京·璨璨繁星駕秋色，
稜稜霜氣韻鐘聲。

第二

長安二月柳依依·西出流沙路漸微·關氏山上春光少，
相府庭邊驛使稀。

第三

三秋大漠冷溪山·八月嚴霜便草顏·卷旆風行宵渡磧，
銜枚電掃曉應還。

第四

行樂三陽早，芳菲二月春，閨中紅粉態，陌上看花人。

第五

君住孤山下，煙深夜徑長·轅門渡綠水，遊苑遠垂楊。

按：第一遍是王維(699—759)詩，三遍是沈佺期(?—729)
〈雜詩〉第三首的前四句，「花」原作「龍」。歌第四遍與入
破第五為薛逢〈涼州詞〉第二、三首。除【伊州】外，任半塘
曾指出郭氏所錄【水調】歌第三為韓翃七絕，入破第二為杜甫

32

〈贈花卿〉七絕，第五為無名氏七絕；【涼州】歌第三為高適
(?—765)五絕；【陸州】歌第一為王維〈終南山〉詩後四句，
第三為王維〈扶南曲歌辭〉前四句；[註二五] 排遍第一為薛逢〈涼
州詞〉。

至於隻曲或摘遍，如【蓋羅逢】：

> 秦時明月漢時關‧萬里征人尚未還‧但使龍庭神(原注:
> 一作飛)將在，不教胡馬度陰山。

則是王昌齡(698—757)〈出塞〉詩。【戎渾】：

> 風勁角弓鳴‧將軍獵渭城‧草枯鷹眼疾，雪盡馬蹄輕。

則是王維〈觀獵〉律詩前半。【婆羅門】

> 迴樂峰前沙似雪，受降城外月如霜‧不知何處吹蘆管，
> 一夜征人盡望鄉。

是李益(748—827)〈夜上受降城聞笛〉詩。【牆頭花】：

註二五　同註三，上編，頁331。
又：梅應運：《詞調與大曲》（香港：新亞研究所）也曾考述。

　　　妾有羅衣裳，秦王在時作‧為舞春風多，秋來不堪著。

是崔國輔〈怨詞〉詩。其它如【簇拍陸州】為岑參（715—770）
〈赴北庭度隴思家〉詩，【祓禊曲】第二首為李益〈洛橋〉
詩，【長命女】為岑參〈宿關西客舍寄東山嚴許二人〉詩，
【簇拍相府蓮】前四句為王維〈息夫人〉詩。註二六　其餘有關唐
代詩人詩施用於歌唱的情況，任半塘《唐聲詩》下編論述極
詳，可以參看。
　　　清末在敦煌發現的寫卷，部分卷子抄錄唐人歌詞，其中有
長短句的「詞」，也有詩人之詩。今有王重民《敦煌曲子詞
集》，任二北《敦煌曲校錄》，饒宗頤《敦煌曲》輯錄曲詞。
試錄斯坦因（Sir Aurel Stein）所得而存於英國，編號 s.6537 卷
子所載【何滿子】歌詞：註二七

　　　平〔半〕夜秋風懍懍高‧長城協〔俠〕客逞雄豪‧手執
　　　剛〔鋼〕刀利如雪，要〔腰〕間恆揰[挂]可吹毛。
　　　秋水澄澄深復深‧喻如賤妾歲寒心‧江頭寂寞無音信，
　　　博〔薄〕暮惟聞黃鳥吟。

明朝遊上院菀〔苑〕，火急報春知‧花須連夜發，莫待
曉風吹。

城傍獵騎各翩翩‧側坐金鞍調馬鞭‧胡言漢語真難會，
聽取胡歌甚可憐。

金河一去路千千‧欲到天邊更有天‧馬上不知何處變，
迴來未半早經年。

或謂此爲大曲；其中第三首即小說所見武則天〈臘日宣詔幸上
苑詩〉。其它詩篇唱爲歌詞，除極少數，大致難以考知作者。

　　隋、唐時期既以詩人之詩作爲歌詞，其歌詞格律自然與詩
相同，不必詳論；至於唱法如何？時移世易，已難以考察。任
半塘《唐聲詩》花費許多篇幅討論，用力甚勤，有許多獨到的
見解；可以參考。[註二八] 但是，歌曲係時間藝術，僅憑書面資
料，實在無法瞭解演唱時的行腔、節拍、運氣、吐字等實際歌
唱情況。

　　《樂府詩集》所錄唐人歌詩，由上表所述，有些樂曲的歌
詞是五言詩，也可以是七言詩；也有將一樂曲歌詞當作另一樂
曲歌詞的情形，如薛逢【涼州】詞唱爲【伊州】曲詞，王昌齡
【出塞】詞唱爲【蓋羅逢】，可以看出樂聲、歌詩相配有不同
的方式。據任半塘所徵引資料以及其它相關文獻，和今日歌曲
歌詞配合的現象，可以推知聲、詩相配的可能狀態，大約有以

註二八　同註三，上編第四章〈歌唱〉，頁161—299。

下的方式：

（一）歌詞一字一音。　指每一字歌詞配一音律（音符）。當然，並非每一音律的時間值（今稱「拍子」）相等。這種情形除古琴曲吟誦之外，並不多見。——部分詩讚系戲曲的快曲子中，還有此種唱法。

（二）部分歌詞一字多音。　指在不增減歌詞的情況下，有的歌詞一字一音(一音符或一律之音)，有的是一字多音。一字多音是指一字所唱之音符不止一個，所謂「字少聲多」是也。而且每一字所唱的時間值也不限於一拍。這是今日歌曲中極為常見的現象。而且有些七言、五言詩民歌，以及戲劇歌曲中的五、七言詩或齊言詩，如臺灣地區的歌仔戲中的【千家詩】，或某些詩讚系戲曲唱詞，仍然運用這種方式。

（三）加以和聲、送聲。　即如本篇第二小節所述清商曲之和聲、送聲。王灼曾指出：「今黃鐘商有【楊柳枝】曲，乃是七言絕句詩，與劉、白及五代諸子所製並同；但每句下各增三字句，此乃唐時和聲。」註二九 即如《花間集》卷二皇甫松【採蓮子】有「舉棹」「年少」和聲，卷八孫光憲【竹枝】有「竹枝」「女兒」和聲。

（四）加以器樂曲。　指在歌詞演唱部分外，別有樂曲演奏而無歌詞。即前人所謂有譜無詞的「泛聲」「解音」，今或稱

註二九　王灼：《碧雞漫志》卷五〈楊柳枝〉條。（臺北：藝文印書館《百部叢書集成》影印清代鮑氏《知不足齋叢書》本）葉八。

為「間奏」(非前奏)。這在今日聲樂或有樂器伴奏的演唱曲中極為常見。

　　(五)增添歌詞字句。有兩種情形：一是如本篇第二小節所述魏、晉樂工取曹氏父子詩配為歌詞；相傳唐玄宗的【好時光】即是由五言詩增添字句而成。二是重複部分詩句歌詞，如白居易〈對酒五首〉之四：「相逢且莫推辭醉，聽唱陽關第四聲。」自注：「第四聲：勸君更進一杯酒，西出陽關無故人。」註三〇　蘇軾(1037—1101)所見古本【陽關】，「每句皆再唱，而第一句不疊」。註三一

四、詞的形成

　　「詞」這一文類是如何形成的？許多文學史家已討論過，卻沒有一致的看法。任半塘曾綜合「前人對所謂詩、詞間之錯誤觀點」(即詞體產生之錯誤觀念)為四派：一、聲詩乃唐代之

註三〇　白居易〔汪立名編〕：《白香山詩集‧後集》(臺北：世界書局，1978)卷九，頁346。

註三一　蘇軾：《東坡題跋》卷二：「舊傳【陽關】三疊，然今世歌者每句再疊而已；若一通首言之，又是四疊，皆非是。或每句三唱，以應三疊之說；則叢然無節奏。余在密州，文勛長官以事至密，自云得古本【陽關】，其聲宛轉淒斷，不類向之所聞；每句皆再唱，而第一句不疊。乃知古本三疊蓋如此。」

樂府，與齊、梁樂府之關係，較與長短句詞的關係爲密切。
二、特別推尊詞體之創造，否定詩、詞間之一切關係。三、主
張詞由詩來，長短句是就詩樂之和聲、泛聲所在填充實字而
成。四、原則上調和上二派之間，如《詞律》《詞譜》，錄若
干聲詩，以明長短句詞之來源。他對四派之說，皆有所批評；
並提出聲詩「齊、雜言二體同時產生，同時並存」的聲曲異型
說。註三二 任氏雖然過於堅持《教坊記》所列曲名與「敦煌曲」
有密切關係，遂論斷「敦煌曲」有盛唐時期的作品，其說尚待
斟酌；但是說齊言歌詞與雜言歌詞「同時並存」，確實是有價
值的見解，有意義的思考方向。施議對曾依據這個觀念或近似
任氏的觀念，討論「詞」的形成；註三三 可以參考。

　　要討論這個問題，須先回顧一下沈約《宋書·音樂志》中
的一個觀念；他在敘述「吳哥(同「歌」)雜曲」之後說：

　　　凡此諸曲，始皆徒哥，既而被之弦管。又有因弦管金石
　　　造歌以被之；魏世三調哥詞之類是也。註三四

所謂「歌」，是「歌永言」的歌，以人聲、詞爲主的歌；所謂

註三二　同註三，〈第七章　與長短句辭關係〉，頁341—403。
註三三　施議對：《詞與音樂關係研究》(北京：中國社會科學出版社,1985)
　　　〈第二章　唐五代合樂歌詞〉，頁30—65。
註三四　同註四，葉十九，頁 276上

「徒歌」，指徒口歌唱，沒有樂器伴奏。「弦管金石」，是指
樂曲，以樂器演奏爲主。沈約在此所指出的現象是：吳聲歌曲
原是民歌，然後有樂工配上樂器伴奏；魏三調歌詞，是先有樂
曲，再選用詩篇作爲歌詞，即該書卷二十所謂「荀勗撰舊詞施
用者」的「清商三調歌詩」。前者即是爲歌曲配樂，相當於爲
民歌加工，整理樂曲；後者是爲樂曲配歌詞。爲樂曲配歌詞可
以有兩種情況：一是選取詩人之詩配爲歌詞，如荀勗之所爲；
一是直接依樂曲曲拍寫作歌詞。

　　唐代元稹（779─831）〈樂府補題序〉將詩分爲二十四支
類，然後指出：操、引、謠、謳、歌、曲、詞、調八類，「在
音聲者因聲以度詞，審調以節唱，……斯皆由樂以定詞，非選
調[詞?]以配樂也。」詩、行、詠、吟、題、怨、歎、章、篇九
類「後之審樂者，往往采取其詞，度爲歌曲；蓋選詞以配樂，
非由樂以定詞也。」^{註三五} 元稹之說，與沈約略有不同：所謂
「由樂以定詞」即沈氏「因弦管金石造歌以被之」；「選詞以
配樂」是指先有詩，再依詩譜爲歌曲，或選取詩人之詩，配爲
歌詞；與沈氏「徒歌被之弦管」不同。如將沈氏、元氏之說合
起來，則詩、樂相配的情形，盡在其中。臺靜農先生即據此撰
文討論詞的形成。^{註三六}

註三五　《全唐詩》（臺北：盤庚出版社，1978）卷四百十八，頁4606。

註三六　臺靜農：〈從「選詞以配音」與「由樂以定詞」看詞的形成〉，
　　　《現代文學》三十三期（1967年12月）頁1─7。

　　另有一事，也須要考慮：即是西域樂曲傳入中國時，其歌詞是漢語或是非漢語（西域民族的語言或梵語）？若非漢語，其歌詞能否轉譯爲漢語齊言詩？以漢語齊言詩爲歌詞時，是否保存原有語言旋律與歌曲情調？這個問題與今日吾人以漢語轉譯西洋音樂歌詞的情況一樣。因爲在唐代開元、天寶時有許多西域音樂家來中國，也有許多樂曲輸入中國。如果西域傳入的歌曲是非漢語，其語言音節、節奏未必與漢語同，則其歌詞未必是齊言的。南朝梁釋慧皎《高僧傳》一五〈經師篇〉曾指出一個現象：

> 梵音重複,漢語單奇。若用梵音以詠漢語，則聲繁而偈迫若用漢曲以詠梵文，則韻短而辭長。

他是就佛經頌唱而言，並指出因應之道。任半塘則據以討論唐聲詩歌唱的問題。註三七　其實，我們可以從這句話推論：唐時西域傳入的歌曲，就漢語而言，未必可以配上齊言詩而保有原歌曲的語言節奏；若要配合齊言詩，必須「洞曉音律」，運用各種歌唱技巧，才能「娛耳開襟」，達到深妙之境。再以上節討論唐代歌詩的配詞歌唱方式來看，我們可以說：唐時必有許多歌曲是雜言的。因此，任半塘所謂「齊、雜言二體同時並存」的說法是可信的。

註三七　同註三，頁189—191。

　　其次，就樂曲而論，除了一字一音的宗廟、郊祀「雅樂」以及部分琴曲之外，樂曲的旋律、節奏，不可能是整齊的。試以今日音樂理論來說：縱使同樣是一段曲式的歌曲，擁有量性節拍的十六拍子；可是其節奏卻是變化多端的，其歌詞的語言音律也不盡相同。雖然姜夔的旁譜是一字配一律，可是其中有頓、住、打、反、掣等符號，則每一律的時值未必相等；更何況當時還是「韻律性節拍」而非「定量性節拍」，[註三八]　樂工可以依歌詞或樂曲聲情變化每字的時間長短。而且，據現存文獻，宋代雅樂有一字唱數律的情況：歐陽脩等纂《太常因革禮》卷二十載阮逸云：「樂章字少，遂以一字連繫數聲」，《宋史》卷一二八〈樂志〉載楊傑：「今歌者或詠一言而濫及數律，或章句已闋而樂音未終」之語。雖為宋代情況，唐世未必不然。縱使唐代雅樂不如此，但以上述理由，加上敦煌發現的《琵琶譜》，存於日本的《五弦譜》，北京智化寺的《京音譜》，已經可以明瞭唐代俗樂或燕樂樂曲不是整齊如一的。

　　俗樂或燕樂樂曲的旋律既然變化多端，歌詞自然不必是五言或七言的齊言形式。在王公貴族士大夫之間，固然可以配上齊言歌詞；若是民間，未必能欣賞齊言的歌詞，自然有雜言長短句的歌詞。筆者以前曾分別從士大夫與民間無名氏的嘗試製

註三八　王風同、張林：《中國音樂節拍法》（北京：中國文聯出版公司，1992）頁37—57

作長短句歌詞，來討論詞體的形成，^{註三九} 謹將主要觀點，撮述於後。

漸興於隋代的俗樂，到開元、天寶時期（713—755），已經成熟。當時音樂極爲發達，以教坊、梨園爲中心。一方面創作新曲，一方面仍然引進西域音樂，吸收民間歌曲，同時也將教坊音樂流布各地；尤其安、史之亂後，教坊、梨園解體，樂工流落各方，教坊音樂更是流傳於天下各地。但是，民間未必能欣賞齊言詩所配的歌詞，於是齊言歌詞逐漸沒落，雜言歌詞大興。可是民間寫作的歌詞，只求音律不差，便於歌唱，恐怕沒有文學價值。就如同宋末沈義父《樂府指迷》所說：

> 秦樓楚館所歌之詞，多是教坊樂工及市井做賺人所作，
> 只緣音律不差，故多唱之。求其下語用字，全不可讀；
> 甚至詠月卻說雨，詠春卻說秋。

這樣的歌詞自然不會流傳下來。也許還有不重要的文人爲歌伎作歌詞，因沒有文集傳世，作品也就失傳了。或者作品流傳，作者名字卻被遺忘，而成了無名氏。現存的敦煌寫卷曲子，應該有他們的作品。

現存的敦煌曲子，其中仍有齊言詩的曲子歌詞，而大部分已是長短句形式。雖然有學者認爲其中有盛唐時期作品，如任

---

^{註三九} 同註一《詞學發微》，頁82—95。

二北、龍沐勛、林玫儀；[註四〇]　但也有學者持不同意見。如任氏以爲抄於天寶元年(742)錄【別仙子】【菩薩蠻】【酒泉子】編號s.4332的卷子，饒宗頤以爲抄於貞元十八年(802)前後；任氏以爲出於盛唐的御製林鐘商【內家嬌】(s.3251)，饒氏以爲係後唐莊宗的作品；任氏以爲寫於武后、玄宗朝間的「大唐五台曲子」(p.3360)，饒氏考證爲後唐作品。[註四一]

民間何時出現長短句歌詞，已不可詳考。至遲在西元八〇二年已有s.4332卷子的【別仙子】(此時模樣)【菩薩蠻】(枕前發盡千般願)【酒泉子】(砂多泉頭)作品。

至於士大夫文人嘗試寫作長短句燕樂歌詞，據文獻考證，現存較早的作品應是八世紀後期的作品。——其中牽涉到所謂李白(699—762)作【菩薩蠻】的問題。[註四二]依《教坊記》所錄曲名，李白當時固然有寫作【菩薩蠻】歌詞的可能，但以李白

[註四〇]　任二北：《敦煌曲初探》、《教坊記箋訂》、《唐聲詩》等著作，時時有此等言論。

龍沐勛：〈詞體之演進〉，《詞學季刊》創刊號（1933年4月），頁1—44。

林玫儀：〈由敦煌曲看詞的起原〉，《書目季刊》八卷四期（1975年3月）頁59—78。

[註四一]　饒宗頤：《敦煌曲》（法國・國家科學研究院，與法國人戴密微合撰）頁6〔總190〕、8〔總191〕、10〔總194〕。

[註四二]　李白是否寫作【菩薩蠻】(平林漠漠煙如織)，眾說紛紜，論文甚多，或贊成，或反對，各有其理；各文不難索撿，不暇備舉。

的名望、地位，如果寫了「平林漠漠煙如織」一首，別人未必不效仿；而且八世紀後期文人寫作歌詞，也不會僅有民歌之類的曲子。——就現存文獻看來，文人寫作長短句歌詞，要以張志和的【漁歌子】、戴叔倫(732—789)與韋應物(737—?)王建(755年登第)的【調笑】為較早。張志和，肅宗時(756—762)曾任左金吾衞錄事參軍，770年曾至湖州，錄【漁歌子】如下：

> 西塞山前白鷺飛・桃花流水鱖魚肥。青箬笠，綠簑衣・斜風細雨不須歸。

當時有文士和作。【調笑】，錄戴叔倫作【轉應詞】：

> 邊草・邊草・邊草盡來兵老。山南山北雪晴・千里萬里月明。明月・明月・胡笳一聲愁絕。

後來白居易、劉禹錫(777—842)皆作【憶江南】，白氏所作，當在八三六年之後，饒宗頤以為在八三八年。註四三 二人又都做【竹枝】【楊柳枝】詞。《花間集》(序於940)所錄作品，年輩較早的是皇甫松，其次是溫庭筠(?812?—870)。溫氏曾於大中年間(847—859)為令狐絢作【菩薩蠻】進呈宣宗。溫氏的作品，《花間集》錄詞牌十八，作品六十六首；最為可靠。其後

註四三　饒宗頤：《詞籍考》（香港：香港大學，1963）頁10。

韋莊(836—910)等人繼起，作品日多，長短句歌詞就成了詩歌
文類中的一支類，成為文學中的一文類。至於民國林大椿《唐
五代詞》所錄溫氏以前人的作品，可靠的以詩為多，長短句
「詞」少。因此，「詞」的成為「文類」，當自溫氏始。註四四

五、詞譜格律的形成

　　本篇所謂、「詞譜」、「詞譜格律」，已在〈緒論〉界定
其意義。

　　唐、宋曲子的樂譜，創作的時代不一；成為詞譜格律（省
稱為「格律」，下文同）的時間也不一。創於唐代的樂譜，格
律應形成於唐代；宋代樂譜，格律形成於宋代。但是，每個詞
譜的格律之形成，也是慢慢而成，不是一蹴而就。試以【菩薩
蠻】言之。

　　敦煌卷子所錄【菩薩蠻】比其它詞譜的作品為多；可以方
便比較。今先錄通行之譜溫庭筠作品於下，以便參照：（暫不列
出平仄，英文字母表韻腳，大寫平韻，小寫仄韻。阿拉伯數字表每句字
數）

註四四　參見鄭騫先生〈溫庭筠韋莊與詞的創始〉文，載《景午叢編》（臺
　　　　北：臺灣中華書局），賴橋本先生〈溫庭筠與詞調的成立〉文，載臺
　　　　灣師範大學《國文學報》第八期（1979）

　　　　小山重疊金明滅‧鬢雲欲度香腮雪。嬾起畫蛾眉‧弄妝
梳洗遲。　　照花前後鏡‧花面交相映。新貼繡羅襦‧雙
雙金鷓鴣。

成「7a‧7a。5B‧5B。　5c‧5c。5D‧5D」形式。饒氏《敦
煌曲》錄十八首，其中 s.4332 所錄的作品為：

　　　　枕前發盡千般願‧要休且待青山爛。水面上秤錘浮‧且
待黃河徹底枯。　　白日參星見‧北斗迴南面。休即未
能休‧且待三更見日頭。

作「7a‧7a。6B‧7B。5c‧5c。5D‧7D。」上片第三小句六
言，第四小句七言，與溫氏作不同；而且下片第一小句平仄也
不同。p.3128 錄三首，其二：

　　　　在安社稷垂衣理‧受〔壽〕同山岳長江水。頻見老人
星‧万方休戰爭。　　良臣安國部‧金〔今〕喜迴鸞
鳳。從此後太皆[階]清‧齊欽乎〔呼〕聖明。

下片第一小句失韻；第三句六言「3/3」，與 p.3251 末一首
（昨朝為送行人早）作「住馬處再搖鞭」同。羅氏《敦煌零
拾》有一首(自從宇宙光[充]戈戰)最末小句六言「3/3」，與
其它不同。可見當時該曲配詞還沒有固定字數，而且平仄四聲

也還不定。《詞譜》解釋字數不同的情形爲「襯字、添聲、減字」，^{註四五}實在是以後起語言格律形成之後的情況而言；在格律未定之時，爲樂譜寫歌詞正有此現象。在樂工或文士爲樂曲配詞的過程中，如果曲子中聽，歌詞又美；曲子必然流傳，文士也樂意依仿原歌詞寫作新詞；格律因此而形成。

再舉【河傳】爲例：《花間集》錄作品十八首：溫庭筠三首、韋莊三首、張泌二首、顧敻三首、孫光憲四首、閻選一首、李珣二首，《詞律》卷六錄十七體。其中有宋人柳永、徐昌圖、秦觀(1049—1100)三體。試將各家字數、韻腳列於下，以便比較：

溫　2a,2a,3B,6B。　7B,2B,5B。　　7c,3c,5c。3D,3D,2D,5D。

韋　2a,2a,4a,4B。　4, 7B,3B。　　7c,3c,5c。　4, 6D,6D。

張　　4, 4a,4a。　4, 4a,5a。　　7a,3a,5a。　6a,5a。

張　　2a,4a,4B。7B,2B,3 B。　　7c,3c,5c。　7D,2D,5D。

顧2a,2a,4,4a。3B,3B,2B,5B。　　7c,3c,5c。3D,3D,2D,5D。

顧　2a,2a,4,4B。7B,2B,5B。　　7c,3c,5c。3D,3D,2D,5D。

顧　　4a,4, 4a。7, 2a,5a。　　7b,3b,5b。3C,3C,2C,5C。

孫　　4a,4a,4a。6a,2a,5a。　　7a,3a,5a。3B,3B,2B,5B。

孫　2a,2a,4a,4B。7B,2B,5B。　　7c,3c,5c。3D,3D,2D,5D。

---

^{註四五}　王弈清等：御製《詞譜》卷二牛嶠、尹鶚【江城子】按語，葉三十一、三十二，卷四毛文錫【紗窗恨】按語，葉十一。

孫	4a,4a,4a。3,2a,4a,5a。		7b,3b,5b。3C,3C,2C,5C。	
孫	2a,2a,4a,4a。4, 4a,5a。		7b,3b,5b。3C,3C,2C,5C。	
閻	4, 4, 4A。7A,2A,5A。		7b,3b,5b。3A,3A,2A,5A。	
李	2a,2a,4a,4B。4a,6B,5B。		7c,3c,6c。5, 5D,3D。	
李	2a,2a,4a,4B。4a,6B,5B。		7c,3c,6c。7,4D,3D。	
柳	4a,4, 4a。4, 6a,5a。		7a,3a,5a。6, 4a,5a。	
徐	4a,4, 4a。4, 6, 3,3a。		4, 5a,5a。4, 6, 3, 3a。	
秦	4a,5, 4a。4, 6a,3,3a。		7a,4, 5a。4, 6a,3, 3a。	

由上表，可以看出【河傳】在唐、五代時分歧的狀況。倒是溫
庭筠所作，格律一致；其它縱使一人之作，格律也不盡相同。
王灼《碧雞漫志》卷四〈河傳〉條稱：「唐詞存者二：其一屬
南呂宮，凡前段平韻，後仄韻；其一乃【怨王孫】曲，屬無射
宮。」按：王氏之說，於唐、五代詞無據。《詞譜》卷十一錄
二十七體，並稱約計不過三體：一、前後段兩仄兩平四換韻
者，其中韋莊詞名【怨王孫】，宋人多宗之；二、前段仄韻，
後段仄韻平韻者，宋詞無此；三、前後段皆仄韻，宋人用之。
其實宋人所製，亦不盡同。於此可以看出樂曲早期格律未定的
情況。

〈緒論〉中已說過：影響格律的主要因素是樂曲、語言音
律。保存到現在的樂譜已非常少。這些樂譜如何譜上歌詞？須
要考慮的是：一、音樂旋律；二、語言的聲調值。歌詞的語言
節奏，要與音樂節拍配合；語言聲調的抑揚，要與音符高低相

配；如此，才可能聽出唱甚麼詞彙、語句。加上優秀的文學素
養，才可能有好聽的歌曲。如果是先有歌詞再譜樂曲，道理也
是相同：音樂家也須瞭解語言聲調、節奏，才可能爲詩歌譜出
悅耳的樂章。可惜，目前保存下來的樂譜，尚不能完全解讀，
也不知唱腔如何？加以當時的語言環境已經改變，語音已經變
化，聲調值已不能考知；縱使知道某種聲調值適合哪一種音樂
旋律，恐怕也無能爲力。像崑曲，仍是活動中的曲藝；使用的
語言仍然存在，因此楊蔭瀏可以考知平仄四聲與樂譜配合的情
形，製成簡明的表格。^{註四六} 如姜夔旁譜，固然也可以統計四聲
與音譜高下之間的關係：但是據林明輝從音樂學的角度研究，姜
氏配上、去聲字時，「並無一定可尋之跡，亦即不重聲韻之高
低，一如今人創作藝術歌曲，以意爲重，求其整體音樂性之
美，而聲韻之處理乃其次也。」^{註四七} 林氏之說，也許尚須進一
步研究；然而唐、宋語音的研究，如今尚不能考知聲調值，縱
然四聲與音譜的關係能考察清楚，也無法將語言復原。因此葉
棟、席臻貫爲《敦煌琵琶譜》《五弦譜》所配的唐詩或敦煌曲
子詞，恐怕也不可視爲唐代音樂的重現或復生；只能視爲唐代
樂曲的現代化改編而已。這種困難已在〈緒論〉論及。因此想

註四六　楊蔭瀏：〈語言音樂學初探〉，《語言與音樂》（臺北：丹青圖書公
　　　司據1983年版重排印，1986）頁37—61。
註四七　林明輝：《宋　姜夔詞樂之研析》（高雄：復文書局，1992）頁174
　　　—176。

要據音樂來討論詞譜格律的形成，實在困難重重，最多只能討論「均」與詩句的問題，句子節奏（即「句法」）的問題。關於這一點，將在〈詞譜格律與音樂的關係〉中討論。

　　本節僅企圖討論在格律初起時的一些狀況。就先有樂譜再配歌詞的情形來說：語言音律是先依附樂曲而產生，其後在樂曲失傳或詩人不明樂曲時，語言音律才成為詩人寫作時依循的格律。因此，討論格律形成時，須先考慮是否樂譜相同。這一點，在不同時期的詩人之間，問題比較大；但在同時期的詩人之間，也可能存在。因為不同樂工的演出，可能有所不同，甚至於增損律呂音符或時間值。為避免這個現象影響到討論的結果，應以同一詩人之作品做為討論對象較為合適。除上文所舉【河傳】可以看出不同詩人相互差異外，也可以看出同一詩人所作，格律也不盡相同。又如《花間集》所錄【思帝鄉】，韋莊所作二首，格律不同：

　　　　雲髻墜，鳳釵垂‧髻墜釵垂無力，枕函敧。翡翠屏深月落，漏依依‧說盡人間天上，兩心知。　　（其一）

　　　　春日遊‧杏花吹滿頭‧陌上誰家年少，足風流。妾擬將身嫁與，一生休‧總被無情棄，不能羞。　　（其二）

第二小句、第七小句字數不同，韻腳不同。一人之作已如此，較韋莊早的溫庭筠所作，又有不同；錄以備考：

花花‧滿枝紅似霞‧羅袖畫簾腸斷，卓香車。迥面共人閒話，戰篦金鳳斜‧唯有阮郎春盡，不還家。

與韋氏第二首近似而略不同。孫光憲所作與溫氏同。然宋代無人作此。又如【南鄉子】，《花間集》收歐陽炯八首，李珣十首。歐陽炯有兩體，不相同；李氏所作與歐陽氏又不同：

歐陽炯(1)　4A‧7A。7b‧3b‧7b。

歐陽炯(2)　4A‧7A。7b‧2b‧7b。

李　珣　3,3A‧7A。7b‧3b‧7b。

除字數不同外，平仄也略有不同。

在宋代，也有同一詞譜而一人所作音律不同的情況。如柳永(987?—1053?)【過澗歇近】兩首，據《彊村叢書》本，均屬中呂調，總字數相同，句法不同：

淮楚‧曠望極,千里火雲燒空,盡日西郊無雨。

厭行旅‧數幅輕帆旋落,艤棹蒹葭浦。

避畏景,兩兩舟人深夜語。　(上片)

此際,爭可便恁奔名競利去。

九衢塵裡,衣冠冒炎暑。

回首江鄉,月觀風亭,水邊石上,幸有散髮披襟處。(下片)

歌詞文句字數，上片爲「2a‧3、6,6a。3a‧6,5a。3,7a。」，下片爲「2,4/5a。4,4a。4,4,4,7a。」兩片差異甚大。另一首：

> 酒醒‧纔夢覺,小閣香炭成煤,洞戶銀蟾移影。
> 人寂靜‧夜永清寒,翠瓦霜凝。
> 疏簾風動,漏聲隱隱,飄來轉愁聽。　(上片)
> 怎向,心緒近日厭厭長似病。
> 鳳樓咫尺,佳期杳無定。
> 展轉無眠,粲枕冰冷,香虬煙斷,是誰與把重衾整。(下片)

文句組織爲「2a‧3、6,6a。3a‧4,4a。4,4,5a。」「2,2/7a。4,5a。4,4,4,7a。」兩者上片第二均、第三均不同。至於兩首下片第一句，《全宋詞》斷句似誤；當如此斷句，且第二字似爲韻腳。又如周邦彥(1056—1121)【荔枝香近】兩首，其中一首與柳永所作同，一不同。柳永作【少年遊】十首，同是林鐘商調，卻有兩體：

(一)　7A‧5A。4,4,5A。　　7,　5A。4,4,5A。
(二)　7A‧5A。4,4,5A。　　7,3,3A。4,4,5A。

下片第一均略異。

　　有些詩人所作詞，詞譜相同，但格律不同；其原因可能是宮調不同；如前述【河傳】即有此可能，柳永所作【傾杯】也

有此可能。試舉【少年遊】爲例：周邦彥有二體，一爲商調：

> 并刀如水，吳鹽勝雪，纖手破新橙。
> 錦幄初溫，獸香不斷，相對坐調笙。(上片)
> 低聲問，向誰行宿，城上已三更。
> 馬滑霜濃，不如休去，直是少人行。(下片)

一爲黃鐘：

> 南都石黛掃晴山·衣薄耐朝寒。
> 一夕東風，海棠花謝，樓上捲簾看。(上片)
> 而今麗日明如洗，南陌暖雕鞍。
> 舊賞園林，喜無風雨，春鳥報平安。(下片)

柳永所作十首，其第(一)體與周氏此作相同，卻是林鐘商調。林鐘商與黃鐘宮管色不同，但結聲（即「主音」）相同。後世作者，都曾依柳、周體寫作；當然還有其它體。【臨江仙】也有類似的情形。至於有些傳本，因沒有詳細分辨詞譜調式、形式之不同，而混用一名，如柳永《樂章集》有【安公子】兩首，一爲中呂調，一爲般涉調；前者是「近」詞，後者是「令」詞，[註四八] 須加以分辨。

註四八　同註二九，卷四〈安公子〉條，葉三。

此外，有些詞譜是從舊曲變化而出。如【拋毬樂】，劉禹錫所作爲五言六句詩，敦煌《雲謠集雜曲子》則作「7A,7A,7,7A。5,7A。」馮延巳(904—960)八首同此。又如【楊柳枝】，唐人所作爲七言絕句；顧夐將和聲填實，成爲「7A,3A。7A,3A。7b,3b。7A,3A。」形式，南宋刊本《花間集》分爲兩片，註四九《詞律》《詞譜》從之，若去掉每句後三字，仍是絕句詩。宋人也有遵循顧體寫作的。又如【浪濤沙】，原是七言絕句，李煜(937—978)則作成「5A,4A,7A。7,4A。5A,4A,7A。7,4A。」兩片。這種情形，我們實在無從得知是否音樂改變的緣故。

又如【浣溪沙】：「7A,7A。7A。　7,7A。7A。」敦煌曲有作「7A,7A。7,3A。　7A,7A。7,3A。」毛文錫二首，一首作七言六句，一首如上述敦煌曲；李璟(916—961)所作如敦煌曲，或稱【攤破浣溪沙】。所謂「攤破」，應該是音樂的改變。王偉勇解釋爲：「增字衍聲，破一句爲兩句，另成一曲。」並歸納《詞譜》的說明爲四例：一、字數不變，破一句爲兩句；二、增添字數，破一句爲兩句；三、減字數，破一句爲兩句；四、增字數，變兩句爲一句。註五〇 也是就語言格律而論，不是

註四九　趙崇祚：《花間集》（臺北：藝文印書館據南宋刊本影印，1957）卷七，葉四下。

註五〇　王偉勇：〈以唐、五代爲例試述詞律之形成〉，《東吳文史學報》第十一號（1993.03）頁77—106。

從音樂來說。有時也可能因爲語音不同，使得某些精通音樂的詩人，覺得舊有格律不協音樂，於是將歌詞重新改作爲自己熟知的語言，形成新的格律。如姜夔以爲舊有的【滿江紅】押仄聲韻不合音樂，於是改爲平聲韻；便是明顯的例子。^{註五一}　這也是詞譜格律發展過程中的現象。

前文曾指出：詞譜格律原自樂曲而來，樂曲配上歌詞，就可以歌唱。這些歌詞，如果是市井作賺人或村夫野老所作，不具文學價値，自然不會流傳於世；其歌詞的語言所形成的語言音律，如果不爲士人所依循採用，自然不會成爲詞譜格律。如果歌曲美聽，歌詞優美，文士自然樂意模仿；其語言音律就爲人所遵循，於是就形成詞譜格律。因此，詞譜格律的形成，是先選用歌詞或精心撰寫歌詞來配合樂曲，或先寫作歌詞再譜爲音樂；然後他人再依此歌詞來寫做歌詞而形成的。樂曲、語言是討論格律不可偏廢的兩個因素。

六、結語

上文討論詞譜格律的形成，先追溯詞樂的來源。詞樂源自西域音樂，而與中國舊樂相融合，成爲隋、唐俗樂新聲。因此本篇先討論西域音樂傳入時期的歌詞：南北分立時期北方的胡

註五一　姜夔：《白石道人歌曲》（臺北：世界書局據《彊村叢書》影印，1967）卷四，葉三。

戎樂歌詞與南方樂府的歌詞及其差異。詞樂既然是隋、唐俗樂一系,王灼稱「蓋隋以來,今之所謂曲子者漸興。」何以詞之文類不始於隋、唐,而始於晚唐、五代?其中必有緣故。於是敘述隋、唐聲詩大致以詩為歌詞,歌唱時可能配上和聲、泛聲或加減字句;以推論長短句詞的興起。又據樂曲形式,進而推論隋、唐時期應該也有長短句歌詞;只因某些因素而不能流傳後世。到晚唐時期,有許多詩人致力長短句的寫作,作品數量既多,樂曲──即詞牌──亦復不少,因此形成「詞」之文類。

　　詞的格律是來自於音樂與語言的密切配合:音樂的旋律影響歌詞的節奏,語言的音律也影響到歌曲是否美聽,是否便於歌唱。因而每支樂曲的歌詞,自有其語言格律;此即是詞譜格律。但是,由於樂工表演或為樂曲配詞者對樂曲體會的差異,造成同一歌曲卻有不同歌詞形式的現象,形成同一樂曲而有不同的詞譜格律;這即是《詞律》《詞譜》所稱的「又一體」。如果有人依此格律寫作,格律將可流行、流傳;否則便湮沒消失。至於詞譜格律與音樂的關係,與語言的關係,待下文討論。

參　詞譜格律與音樂的關係

一、前言

　　「詞」是「曲子詞」、「歌詞」的簡稱,是唐、宋時期燕樂歌曲的歌詞,——若是以詩句配樂而為歌詞,則不視為詞。——已見於前文。

　　詞既是歌詞,然則歌詞與歌曲的關係究竟如何?是先有歌曲抑或先有歌詞?即是說:是選詞以配樂抑或由樂以定詞?或是為歌詞譜樂曲?臺靜農先生曾依二者的關係,討論詞的形成問題。註一 鄭孟津也依歌詞與音樂的關係,把中國歌曲分成三類:一是先寫詞後配曲,二是據現有曲調選擇現成詩句(或新製詩)入曲,三是詞調。註二 從現存文獻看來,第五世紀到第九世紀時期的歌詞――大部分見於南宋郭茂情《樂府詩集·近代曲辭》――是以詩句作為歌詞,還不成為「詞」,不必討論。就「詞」文類形成之後的情形來說:詞與歌曲配合的情況,大抵有二:一是依樂曲配歌詞,如葉夢得《避暑錄話》

註一　臺靜農:〈從「選詞以配音」與「由樂以定詞」看詞的形成〉,《現代文學》33期(1967.12),頁1-7。
註二　鄭孟津,《詞源解箋·序之二》,(浙江:浙江古籍出版社,1992)頁18-19。

稱：（柳永）「爲舉子時，多游狹邪，善爲歌詞。教坊樂工每得新腔，必求永爲詞，始行於世。」王灼《碧雞漫志》（序於1149）卷二稱「江南某氏解音律，時時度曲。周美成與有瓜葛；每得一解，即爲製詞。故周集中多新聲。」又如范成大（1126-1193）家製【玉梅令】曲，姜夔爲作歌詞。註三 這是當時每一曲歌詞初起的情形；其後有人依此等歌詞仿作歌詞，即依格律填詞；也可視爲此類。其二，係先作成長短句歌詞，再譜成樂曲。如姜夔【長亭怨慢·序】言：「予頗喜自製曲，初率意爲長短句，然後協以律。」註四 即是此類，然此僅深知音樂又能作詩作曲的人始能辦到，一般人不能。

不論是依歌曲填寫歌詞，或是先有歌詞再譜成歌曲，必定要考慮到歌曲的外在形式以及語言的特性：語言如何與歌曲的旋律、音符配合得完美。歌曲的外在形式關涉到歌詞的外在形式，如令、引、近、慢的分判，遍數、均拍的問題，平仄的問題。這些問題，在今日而言，極難解決；主要原因是當時歌曲樂譜保留下來的太少了。縱然有姜夔的自度曲及《樂府渾成集》錄存的【小品譜】，也限於一時，而缺乏貫通兩、三百年的文獻。這樣的資料，能否說明三、四百年的現象，實在值得考慮。尤其是平仄問題，歌詞與歌曲相配，必須考慮字的音高

註三　姜夔，《白石道人歌曲》卷三〈玉梅令〉序：「石湖家自製此聲，未有語實之，命予作之…」（台北：世界書局據《彊村叢書》本影印，1947）葉七下。
註四　同註三，卷五、葉一下，（序）語。

音長，即字之聲調值。即以宋代為例，宋代的全國語音是否統一？各地語言的平上去入聲調值是否相同？若不相同，甲地詞、樂相合的，於乙地未必相合。依此而言，歌詞的平仄如何與歌曲旋律相配，在今日看來，實在是個極難解決的問題。如此，而想探討歌曲與語言四聲關係，恐怕用力多而效果極微。因此，本篇僅企圖通過能夠掌的資料，來解說詞譜格律與音樂關係的部分現象。至於資料不足的，不敢妄加推論；只提出問題，指出疑難之處，留待賢明研究，或來日資料充裕時再討論。

二、歌曲、歌詞的分類

　　詞的名目，宋時或稱大詞、小詞，大約是依篇幅長短而分。^{註五}依音樂分的，如《宋史》卷一四二所載音樂歌舞活動，當時的教坊樂，有大曲、法曲、曲破、小曲之名；又有急、曲慢、舞曲、雜劇之目。孟元老《東京夢華錄》（序於1147年）卷九述「宰執親王宗室百官入內上壽」的程序，包括唱中腔、曲子、踏歌，器樂奏慢曲子，舞三臺、大曲、曲破，小兒隊舞、女童隊舞、雜劇。周密（1232－1298）《武林舊事》卷一〈天基聖節排當樂次〉：唱曲子，奏慢曲、引子、曲破、大曲、法曲、曲子，舞曲破，雜劇；卷八「皇后歸謁家廟」樂

註五　徐信義：《詞學發微》中篇第一章〈詞的體製〉，（臺北：華正書
　　　局，1985）頁102。

次：唱曲子、小唱、唱賺；樂器奏引子、慢曲、曲破、曲子、法曲。《宋史》卷一四二載太宗所製曲，有大曲、小曲、曲破。而民間的音樂活動，《東京夢華錄》卷五〈京瓦伎藝〉條載：小唱、嘌唱、諸宮調、叫果子、雜劇、舞旋、散樂。耐得翁《都城記勝》（序於1235年）記臨安繁華，〈瓦舍眾伎〉條曾述及小唱、嘌唱、叫果子、耍曲兒、叫聲、唱賺，以及大曲、清樂、散樂、舞旋、諸宮調。其中的「小唱」，謂執板唱慢曲、曲破。唱賺原分纏令、纏達。這些音樂活動，有的與吾人今日所稱的「詞」無關。前代論詞與詞樂的書，如王灼《碧雞漫志》，考訂樂曲，曾論及大曲、法曲、曲破、慢、引、近、令、序、諸宮調、傳踏、纏令及隊舞。張炎（1248-?）《詞源》卷下也曾述及大曲、法曲、曲破、慢、引、近、破、令曲、序子、諸宮調、纏令、三臺。而張炎更明言：「慢曲、引、近，名曰小唱。」以上所述及的名目，實包含歌曲與舞曲兩類。

任二北曾據《詞源》之說，以為南宋詞類，共有九種，純粹屬詞者五，兼合古今曲體者四，列於下：

(一)純粹詞體：令、引、近、慢、三臺、序子。

(二)兼合古今曲體：

    1.上繼隋唐之曲體：法曲、大曲。

    2.下開金元之曲體：纏令、諸宮調。註六

註六 任二北，〈南宋詞之音譜拍眼考〉，《東方雜誌》24卷12號，（1927.6），頁65-83。

任氏所論，限於《詞源》所載，所謂「純粹」詞體，仍有可議。今人林玫儀撰成〈令引近慢考〉，考訂令、引、近、慢諸詞體的特性，以破解毛先舒（1620－1688）等人以字數分小令、中調、長調之說，破解宋翔鳳《樂府餘論》的誤解。註七筆者二十年前研究《詞源》，曾依任二北的分法，參酌學者意見，對宋代詞體的音樂特性，略有述及。註八 後來參考其他資料，將宋代音樂，分成兩大類：註九

　　(一)歌曲：供歌唱的詞，又分二類：

　　　　1.散曲：獨立一曲即可詠歌者，以抒情爲主，有令、引、近、慢、破、序、中腔、序子。

　　　　2.套曲：組合數曲爲一套，以詠事、物者，有鼓子詞、纏令、賺、諸宮調。

　　(二)舞曲：配合舞蹈的歌曲，有：三臺、大曲、法曲、曲破、轉踏、隊舞。

其中套曲與舞曲，原不屬歌詞；但詩人或摘取其中曲子，用以抒情，即摘遍形式，即可視之爲詞。如歐陽修（1007－1072）撰【采桑子】詠西湖的鼓子詞；又如其他自大曲、法曲、曲破中摘遍爲小唱的詞，如【水調歌頭】；或加以改製爲令、引、

註七　林玫儀：〈令引近慢考〉，《古典文學》第四集（臺北：臺灣學生書局，1982.12），頁179--220。

註八　徐信義：《張炎詞源探究》（臺北：臺灣師範大學碩士論文，1974），後收入《國立臺灣師範大學國文研究所集刊》十九期（1975.6），頁457--548。

註九　同注五，頁103--137。

近、慢，如甘州令、八聲甘州、石州引，誠如王灼所謂「凡大曲，就本宮調製引、慢、近、令，蓋度曲者常態。」[註一○] 此即是《都城紀勝》所謂的「小唱，謂執板唱慢曲、曲破。」張炎《詞源・拍眼》所說：「唱法曲、大曲、慢曲，當以手拍。」所唱大曲、法曲、曲破，即是摘調性質。至於晚唐、五代的情形，以宋承前代的歷史事實而言，當與宋代的部分情況相同。就現存資料而論，也有歌曲與舞曲之分；歌曲當與宋代的歌曲同性質，但類別不似宋代之多；至於舞曲，當亦有摘遍爲歌詞的，如《花間集》有【甘州遍】、【甘州子】，「敦煌曲」有【水調詞】，至於是否依音樂而撰寫歌詞，已難以詳考。至於各類歌曲的性質與特點，不是本篇討論範圍。

三、遍數

遍，或作「片」，作「徧」。「片」當是「遍」的同音借用；「徧」與「遍」同。今所見唐宋人詞，以雙遍者居多，也有單遍、三遍甚或四遍的。單遍的作品，大抵比較短，時代也較早，如：【南歌子】【遐方怨】【夢江南】【蕃女怨】【天仙子】【荷葉杯】【訴衷情】【拋毬樂】【如夢令】【調笑】。其中有些詞牌，後來又成雙遍，如【南歌子】【天仙

註一○　王灼，《碧雞漫志》卷四（甘州）條。筆者曾撰《碧雞漫志校箋》
　　　　（臺北：臺灣師範大學博士論文，1981），尚未正式出版

子】【訴衷情】，或許單遍不足以表達情思，所以再接一遍，如同後來北曲中部分曲子有【么篇】、南曲有【前腔】。

　　雙遍的歌詞，若是兩遍的格律相同，則應是歌曲的反復，或大部分相同。若只有部分句子的字數有一兩字之差，也是樂曲的反復。這可以從姜夔（1155?－1221?）的【鬲溪梅令】與他為范成大家所製而譜詞的【玉梅令】看出。錄【鬲溪梅令】（《彊村叢書》本）：

鬲溪梅令 仙呂調

丙辰冬自無錫歸作此寓意

好花不與殢香人浪粼粼又恐春風歸去綠成陰玉鈿

何處尋木蘭雙槳夢中雲小橫陳漫向孤山山下覓

盈盈翠禽啼一春

這首歌曲，除「瘞香人」與「夢中雲」外，曲譜完全相同；歌詞的平仄、韻、句法也相同。「瘞香人」與「夢中雲」，依理判斷，應是相同。^{註一} 又如【玉梅令】：（《彊村叢書》本）

（《玉梅令》高平調　石湖家自製此聲未有語實之命予作　石湖宅南岡河了圃曰范村梅開雪落竹院深靜而石湖畏寒不出故戲及之）

疏疏雪片散入溪南苑　谷寒鎖舊家亭館有玉梅幾樹　背立怨東風高花未吐暗香已遠　公來領略梅花能勸花長好願公更健便挼春為酒勸雪作新詩拚一日繞花千轉

上、下遍的第一均與最後均略異，曲譜也稍有不同，然基本句型並無大異；可能係歌曲變化之故，當然其中也有抄寫致訛之可能。大體而言，這也是一歌曲的反復。其他歌詞，上、下兩

註一　夏承燾〈白石十七譜譯稿〉於此處有所致疑，《唐宋詞論叢》（香港：中華書局重印，1985）頁133。

片格律相同的,如【踏莎行】【臨江仙】【蝶戀花】【木蘭花】【破陣子】……均是如此。

　　雙遍詞,有上、下遍頗有差異的,也有過遍或末尾小異的。過遍處不同,即下遍首均與上遍不同,其餘相同;如【念奴嬌】【木蘭花慢】【桂枝香】【高陽臺】【雙雙雁】【摸魚兒】【沁園春】【翠樓吟】【疏影】,……當是樂曲中除第一樂句外,其他部分重復。試以姜夔【翠樓吟】為例:除上遍旳「月冷龍沙、塵清虎落,今年」與下遍的「此地宜有詞仙,擁素雲黃鶴」之外,其餘歌詞格律、樂曲相同。錄【翠樓吟】於下,以便參照:(《彊村叢書》本)

翠樓吟　雙調

淳熙丙午冬武昌安遠樓成與劉去非諸友落之度曲見志予去武昌十年故人有泊舟鸚鵡洲者聞小姬歌此詞問之頗能道其事還吳為予言之興懷昔遊且傷今之離索也

月冷龍沙塵清虎落今年漢酺初賜新翻胡部曲聽

氈幕元戎歌吹層樓高峙看檻曲縈紅簷牙飛翠人姝麗

粉香吹下夜寒風細　此地宜有詞仙擁素雲黃鶴與

君遊戲玉梯凝望久嘆芳草萋萋千里天涯情味仗酒

祓清愁花銷英氣西山外晚來還捲一簾秋霽

65

上遍自「新翻胡部曲」至末；與下遍自「玉梯凝望久」至末，皆相似。（下遍「味」至「愁」，音譜刊刻疑有誤；當改如上遍。）有的是上、下遍首尾不同，中間部分格律相似，如【水龍吟】【一萼紅】【過秦樓】【齊天樂】……。這也是歌曲的重復，只變動了首、尾部分。其中有些詞牌，可能末尾仍是相同，只是字數有一、二字之異，如【望海潮】，柳永所作之末韻，句讀上、下遍不同，而字數相同；秦觀所作，則上、下遍除首句外相同。【水龍吟】上遍末尾十五字，下遍十三字；上遍末小句是三三，下片是一三；樂曲可能相同而配詞略異，可惜曲譜不存，無能證實。姜夔【暗香】的末均，上遍「但怪得竹外疏花香冷入瑤席」，下遍入「又片片吹盡也幾時見得」，除「瑤席」外，旁譜相同。（拍眼符號除外）。上、下片不同的，如【八聲甘州】【洞仙歌】【聲聲慢】【石州慢】，以及姜夔【惜江衣】【霓裳中序第一】，當是上、下遍音樂不同所致。姜夔【長亭怨慢·序】云：「初率意為長短句，然後協以律，故前後闋不同。」可因他這句話，反證大部分歌曲的前後闋，即上下遍，多相同。

至於三遍的歌曲，有的兩段相同，成為ＡＡＢ或ＡＢＢ段落形式。ＡＡＢ形式俗稱雙拽頭，張炎《詞源·拍眼》稱為「疊頭曲」，如：【夜半樂】【曲玉管】【瑞龍吟】【秋宵吟】，歌詞分三段，前二段相同。試以【秋宵吟】為例：

（《彊村叢書》本）

66

白石道人歌曲卷之六

番陽　姜夔　堯章

白製曲

秋宵吟

古簾空墜月皎坐久西窗人悄蛩吟苦漸漏水丁丁箭
壺催曉引涼颸動翠葆露腳斜飛雲表因嗟念似去國
情懷暮帆煙草　帶眼銷磨為近日愁多頓老衛娘何
在宋玉歸來兩地暗縈繞搖落江楓早嫩約無憑幽夢
又杳但盈盈淚灑單衣今夕何夕恨未了

第一遍「古簾空」到「箭壺催曉」，與第二遍「引涼颸」到「暮帆煙草」，音譜相同；歌詞格律也相同。此外，【蘭陵王】一曲，周邦彥所作，三遍各異；然劉辰翁所作〈丙子送春〉一首，第二、三遍除末尾小異外，大致相同，可視為ＡＢＢ形式的三遍曲。【西河】一曲，第二遍首句較第一遍多三字，餘相同，也可視為ＡＡＢ的雙拽頭。其他三遍各不相同的，疑是三段的歌曲相異之故。

　　至於四遍的，今僅見【鶯啼序】，各遍不同。至於晁補之【梁州令疊韻】，四遍，其實係將兩首雙遍【梁州令】合併爲一，不能視爲四遍。註一二

　　以上係就音樂而言，不以歌詞語言而論。

四、均與韻

　　歌曲，像人類語言由句子組成一樣，由樂句組成。每個樂句，是由高低、長短、強弱不同的「音」的韻律組織而成；這個韻律在此樂句中出現，也可以在其它樂句以原形或變形出現。每個樂句具有完整的情緒或意義。在中國，這個完整的樂句，也稱爲「均」。每個「均」自有其節奏，有其拍眼。張炎《詞源・拍眼》說：「蓋一曲有一曲之譜，一均有一均之拍。若停聲待拍，方合樂曲之節。所以眾部樂中用拍板，名曰『齊樂』，又曰『樂句』，即此論也。」沈義父《樂府指迷》也說：「詞腔謂之均。均即韻也。」與張炎說同。在每均之末，歌詞必押韻；唱曲必打拍，此拍也就稱爲均拍。

　　均數的多寡，拍板的施拍方式，影響到歌曲的形式。張炎曾指出：慢曲八均，引、近六均拍。他又在《詞源・謳曲旨要》指明：

註一二　本節說遍數，撮述筆者《詞學發微》中篇第三章〈篇章結構・篇章形式〉，又增加詞例而成，頁167—180。

歌曲令曲四揭勻，破近六均慢八均。

官拍豔拍分輕重，七敲八揭較中清。

關於引、近六均，慢八均，皆可在姜夔旁譜中獲得證實。一般的解說：破、引、近六均，慢八均，是指基本的均數、均拍；並不指所有的拍板數，也不指押韻的次數。因為押韻之處，大抵施拍板；施拍板之處也押韻；但未必是均拍處，可能是花拍，即豔拍。至於「令曲四揭勻」一句，說解各異。有人以為令曲四揭勻，即四均拍；此於兩片的「令」可以相合，於單遍之令，難以說明。任二北則以為「四揭勻，其節拍乃四揭排勻也。」^{註一三} 關於令、引、近、慢等的均數解說，可參考關志雄說與拙文。^{註一四}

要分判「均」，要先找出「均拍」之處。均拍經常有表示休止或延長的記號。《詞源·管色應指字譜》云：(影元抄本)

註一三 同註六。

註一四 關志雄，〈張炎詞源謳曲旨要考釋〉，《宋音卷》（香港詞曲學會編印，1969），頁20—77。該篇別有單印本。

又徐信義，同註八，頁498—500；註五，頁114—135。

按：《事林廣記》管色譜法，「𠯢」當是「大凡」。「𠫔」以下之指譜，疑傳鈔致誤；綜合各家之說，似應為「𠫔大住　乛小住　ㄑ折　ㇸ掣　ㇹ打」，其中掣又當作「丿」，「打」當作「乛」。註一五　《詞源·謳曲旨要》又云：

　　　　大頓聲長小頓促，小頓繞斷大頓續。
　　　　大頓小住當均住，丁住無牽逢合六。

若參酌姜夔旁譜，大頓當與大住同，符號為「𠆿、𠫔或力」：小頓當作「乛」，與「打」同符號。關志雄曾參考丘瓊蓀氏之說，表列頓、住之符號與用法，註一六　錄於下：

術語及　譜號		特質	常用之位置	延長時值
頓	住			
大頓（𠆿）	大住（𠫔）（𠫔）（力）	(一)用於慢曲 (二)（𠆿）所在必住韻	結聲處、當韻處、換頭藏韻處及起韻處	約為二拍(有時並加一拍休止符)
小頓（乛）	小住（乛）	(一)用於令近曲 (二)（乛）所在必住韻	結聲處、當韻處、換頭藏韻處及起韻處	約為一拍(有時並加一拍休止符)

丁住(ㄱ)	各曲均有用之	住前二字處、啓韻處、句末(包括起韻、逗處、及句末)換頭第一字處。 志雄增補：逢合六或六合處必爲丁住所在,須於第二字打前拍。	約爲一拍(有時不須延長,而只一拍即帶過,惟中間必須唱斷,以便換氣。

　　依此說,並參考《詞源・結聲正訛》、《事林廣記・結聲正訛》之論結聲,即可判定何者爲「均」。大抵結聲皆爲該樂曲調式之主音(基音)及其和弦音。試以姜夔旁譜爲例;如64頁引【玉梅令】爲高平調,當以「一」結聲;其和弦音之一是「凡」。全首分四均:第一均首句起至「舊家亭館」,第二均「有玉梅……」到「暗香已遠」,第三均下遍首句「公來領略……」到「願公更健」,第四均「便揉春爲酒」到「繞花千轉」。[註一七] 又如63頁引【鬲溪梅令】,也是四均,有四樂句,仙呂調結聲爲「上」:第一均爲首起至「浪粼粼」,第二均「又恐……」至上遍末,第三均爲下遍首句到「小橫陳」,第四均自「漫向孤山……」至末。又如【淡黃柳】爲正平調近詞,當以「四」結聲,有六均;但其樂曲結溝比較特殊,林明輝視爲四均:第一均到「寒惻惻」,第二均到「舊相識」,第三均「成秋色」,第四均到「池塘自碧」。[註一八] 筆者以爲旁譜傳鈔,訛誤殊甚,各家所校,差異極大。即如林明輝所譯譜,

註一七　林明輝即以爲此曲有四樂句。《宋 姜夔詞樂之研究》,(高雄:復文圖書出版社,1929),頁168。
註一八　同註一七,頁168。

恐亦不美聽。且此爲上、下遍不相同之曲。疑第一均到「垂楊陌」，第二均到「寒惻惻」，第三均到「舊相識」，第四均到「小橋宅」，第五均到「成秋色」，第六均到「池塘自碧」。其間「正岑寂」爲花拍，不計入均數。至於慢詞，以姜夔【揚州慢】爲例：（《彊村叢書》本）

前、後遍除末均外：曲式不同，句式不同；仍可看出八均。該曲屬中呂宮，以「一」結聲。第一均到「少駐初程」；第二均到「薺麥青青」；第三均到「猶厭言兵」，第四均到「都在空

城」，第五均到「重到須驚」，第六均到「難賦深情」，第七均到「冷月無聲」，第八均到「知爲誰生」。其中第三、第七均末字音譜疑傳抄有誤。「兵」字旁譜「合」下當有大住或大頓記號；「聲」旁譜「勾」當改爲「合」。「フ」號疑改作大住或大頓。

由上文敘述，可知歌曲由樂句組成，樂句與詩句相配。詩句大抵爲長短句；必在樂句末押韻。所以必須押韻，是爲了語言聲韻的循環反復，這也是一種語言韻律的進行(詳次篇)。藉由韻的重復出現，滿足了聽覺的美感需求，也滿足了吟唱或歌唱者在吟、唱時肌肉的有規律、有節奏的運動。這種運動，不是緊密的重復，不會形成機械運動的疲乏；而能讓運動者感到韻律美。我們從樂句與歌詞文句的配合，可以看出歌詞的語言旋律隨著音樂旋律進行：在音樂形成完整的樂句時，語言正好表達了完整的意義，形成完整的句子。因此，我們憑著韻腳、語意，在沒有樂譜或音樂伴奏的狀況下，仍然可以判斷「均」的分布情況。試以蘇軾【水龍吟】詠楊花詞爲例：第一均到「從教墜」，第二均到「無情有思」，第三均到「欲開還閉」，第四均到「鶯呼起」；第五均到「落紅難綴」，第六均到「一池萍碎」，第七均到「一分流水」，第八均到「是離人淚」。至於韻腳較密的短詞，均的判定，若無音樂，須揣摩文意，如【菩薩蠻】是兩句一均，【更漏子】是三句一均，皆以韻腳轉韻爲均。晏幾道的【鷓鴣天】：「彩袖殷勤捧玉鍾，當年拚卻醉顏紅」，第一均；「舞低楊柳樓心月，歌盡桃花扇底

73

風」，第二均；「從別後，憶相逢，幾回魂夢與君同」，第三均；「今宵賸把銀釭照，猶恐相逢是夢中」，第四均。

以上所述，大抵是以南宋人所稱的「小唱」歌詞爲主。「小唱」以外的，未必合乎此例。如張炎《詞源‧拍眼》所云：「序子，與法曲散序、中序不同；法曲之序一片，正合均拍。俗傳序子四片，其拍頗碎，故纏令多用之；繩以慢曲八均之拍，不可；又非慢二急三拍，與【三臺】相類也。」據此，可知部分舞曲或游藝曲子，無法以「均」來分判；須從另外的角度來討論。

歌曲有均，均必有拍；但一均未必只有一拍。下拍板處可押韻，因此一均之中的歌詞，未必只有一處韻腳。如64頁引姜夔【玉梅令】第一均，「片、苑、館」皆是韻腳。63頁【鬲溪梅令】：「人、陳；陰、尋；雲、陳；盈、春」皆是韻腳，但只有四樂句、即四均。此外，又有花拍（豔拍）的問題。《詞源‧拍眼》：「如大曲【降黃龍花十六】，當用十六拍。……慢曲有大頭曲、疊頭曲，有打前拍、打後拍；拍有前九後十一，內有四豔拍。」是慢曲八均，或有二十拍，其中豔拍四，官拍（正拍）十六拍。官拍、豔拍皆拍板，可以押韻，但不是非押韻不可。若以音樂學而言：一均可以是一個小樂句（phrase）或一個大樂句（sentence），此由樂曲決定。而韻腳可以在母題（motive）末、小樂句末或大樂句末；因此，一均未必只有一韻腳。

五、句法

　　音樂由母題（motive或譯動機）發展成樂節，或稱小樂句（phrase）；再組成樂句，或稱大樂句、樂段（sentence）。如人類語言，由表達基本概念的詞語，組成小句，或稱讀、逗，再組成完整句子。因此，不管是為歌曲配歌詞，或為歌詞譜歌曲，都要注意母題與詞語，樂句與句讀配合的關係。就「詞」這一文類而言，即是要注意一均之中的小句、句法與音樂的配合。（此所謂「句法」，不是語法學上的「句法」）

　　姜夔旁譜，是一字配一律，很容易令人理解為：宋詞是一字配一律。其實，《宋史》卷一二八載楊傑論大樂七失，其中曾云：「今歌者或詠一言而濫及數律，或章句已闋而樂音未終，所謂歌不永言也。」楊傑或許是音樂的門外漢，這個評語可以不理會；但他評語中的現象描述，卻不可忽視。大樂尚且「一言而及數律」，燕樂必也如此，並非一字配一律而已。同時，我們也可以依歌謠或民歌判斷：一字可以配一律。

　　至於配合原則，就姜夔旁譜觀察，大抵是不能再分割的部分母題配上詞語，或將母題配上詞組或短句；一個樂節（即小樂句）的完成，即是一個句子的完成。一個樂句（大樂句　）的完成，則已是一段完整意義的詩節。當然，其中變化多端，不可一概而論。至於有人以明代以降之戲曲或曲藝音樂，來考察詞與樂的配合；是否適合，仍待研究。因為戲曲或曲藝音樂重點在於表達故事；而詞是歌唱音樂，要表達情感。況且曲譜如《九宮大成譜》所收姜夔【醉吟商小品】，即與姜譜不同；

南曲所唱姜夔【惜紅衣】，也與姜譜不同。此外，尚有語音聲調值的問題，聲腔是否相同的問題。

　　試以姜夔旁譜爲例，說明音樂與句讀、句法的關係。如72頁引【揚州慢】——該譜部分譜字疑有傳抄訛誤：第二均「青青」，上「青」譜疑當作「ㄥ」或「ㄒㄣ」與下片「深情」同譜。三均「兵」，疑譜當有頓住記號，疑作「ㄅ」。四均「黃昏」，當與下片「橋邊」同譜作「ㄒㄣ」。五均「重到」，「到」旁譜爲「合」，似太低，疑當與上片「駐」同譜，作「一」。六均「夢」譜作「合」，太低，疑當作「上」。七均「無」譜作「ㄣ」，太高，疑爲「ㄧ」或「一」，與三均「言」同譜。「聲」譜當作「ㄅ」。若依一般學者意見，以南宋律黃鐘爲「合」，約當今日「d'」律，試以「Re」譯「合」，則第一均「六凡工尺六凡五六一尺凡一上ㄅ」（「ㄅ」爲「大頓」或「大住」），可直譯爲：（試以♩譯一不加指譜之音）

則可以看出「六凡工尺」「六凡五六」各成旋律，可視爲西洋音樂所謂之母題（motive）；與歌詞相配時（以一字配一音爲例），則前四字須一逗，次四字一逗，後六句末有「ㄅ」，則是句點。故歌詞當讀爲「淮左名都」「竹西佳處」「解鞍少駐

76

初程」。而其句法，以「六凡工尺」爲一下行音，「六凡五六」又可分爲兩組下行音，是以二小句皆可譜成「二二」句法；末句原可作「三三」，也可作「二二二」。第二均不論指譜，則爲「尺工尺上合一上尺工尺」：

正好是二組音，其一微上行而後下行，一爲上行而後略下；其歌詞爲五五兩句，前句本詞作一四，即一二二；後句因有頓住記號，明顯呈現「一二二」句法。姜夔即作「過春風十里，盡薺麥青青。」第三均、第四均依序爲：

第三均明顯可分前後二組，後組又可分爲二。前組之「凡」旁有「折」號，中呂宮之「凡」律原是「下凡」，則此律當作「下凡下」。前組第二、三與四、五兩音，分別是二度下降，六、七兩音三度上升，而一、二音之間是四度躍升；則第一音當別出，故其句法宜作「一六」，依譜則爲「一二二二」。後

77

組前半與第二均之末四音相似，後半與第一均之首相似，皆宜作「二二」。第四均第二音有「頓住」記號，宜為逗。其後可分為二組，各為「二二」句法。故此二均作「自胡馬窺江去後，廢池喬木，猶厭言兵。」「漸黃昏、清角吹寒，都在空城。」至於下片，可直譯為：

上述直譯譜，並不考慮拍子問題。因為姜譜並無詳細的拍子記號（板眼符號），而且當時只有韻律性節拍，還沒有定量性節拍；因而各家譯譜並不一致。其中還有音譜傳鈔致誤的問題，須待研究。本節只就音譜論音樂形式與歌詞句法的關係，不及其他。

　　【揚州慢】係姜夔自度曲，不知是先有譜後有詞，或先有詞後有譜。試再舉依姜氏自序知為先譜後詞的作品【玉梅令】來討論句讀、句法問題。原詞、譜已見64頁引，但部分音譜須再校讎：首均「疏」譜作「么」，疑當作「五」。「玉梅」句「梅」當依下片作「工」音；「暗香已遠」句「香已」譜作「ㄥㄅ」疑當與下片末小句同，作「人ㄣ」。下片「新詩」，「詩」譜作「一」，疑當如上片「風」作「ㄢ」，有頓住記號；末均「日」字譜作「上」，疑為「凡」之誤。又高平調係羽調曲，略如西樂之小調；以「一」結聲。試錄林明輝直譯譜如下：（不定拍子）

　　此曲上下兩片大體相同。上片第一句依音譜知是「二二」，第二句為五言，因「溪南苑」三字須合為一語言單位；音譜前二

音上行，後三音遞下行，故是「二三」句法。「春寒」句，後四字音譜平行，爲一組，故是「三二二」。「有玉梅」句除「有」字外，與「疏疏雪片」同，故作「一四」句法。「背立」句與「散入」句同。「高花」等八字；「未吐」二字之間「四凡」二音音高相差甚大，不便歌唱，疑「四」爲「工」之誤。若然則與下片「一日」句略同。「吐」與「暗」相差六度，自可隔開，成爲二句，爲「二二、二二」。下片首二句四字句皆「二二」，其餘，除末句外，與上片相同。末句依音譜明顯可知爲「三二二」。

上述推斷，固然須要更多的例證，才有堅強的說服力。但僅此數例，已可見出：歌詞一均之句讀，實由音譜而來。是以論詞之句法，須以「均」論，不是以一字兩字論。此即是古人同宮調同詞牌之作品，字數有所參差之故。如周邦彥（1056－1121）有兩首歇指調【荔枝香近】：

照水殘紅零亂，風喚去。盡日測測輕寒，簾底吹香霧。黃昏、客枕無憀，細響當窗雨。看兩兩相依燕新乳。

樓下水，漸綠遍行舟浦。暮往朝來，心逐片帆輕舉。何日、迎門小檻，朱籠報鸚鵡。共翦西窗蜜炬。

夜來寒侵酒席，露微泫。鳧履初會，香澤方薰。無端暗雨催人，但怪燈偏簾卷。回顧始覺驚去雲遠。　大都

世間、最苦唯聚散。到得春殘，看即是開離宴。細思別後，柳眼花鬚更誰剪。此懷何處消遣。

柳永也有歇指調【荔枝香】，與前一首同；吳文英也有兩首，與前者同。方千里、楊澤民、陳允平和周詞，兩首均和，字句相同（方、楊於第二首「薰」字失韻。）[註一九] 有人以為第二首有缺文，[註二〇] 其實不然。愚意以為二首的曲譜應是相同；文字所以有差異，是詩人依聲填詞，自可在不更改旋律的原則下微移歌詞句讀的位置（即節奏點），或者是增減文字，以牽就文意。

依聲填詞而移動句讀位置以牽就文意，如蘇軾（1037－1101）的【念奴嬌】過片第一均：「遙想公瑾當年小喬初嫁了雄姿英發」，依格律當作「六四五」句法，而一般人讀為「六五四」；大體而言，前六字須斷句，後九字或五四或四五，於音譜當無所礙(參見次篇　，以另一觀點討論)，惜無樂譜可證。又如蘇軾【水龍吟】末句：

待垂天賦就騎鯨路穩約相將去（其一）
為使君洗盡蠻風瘴雨作霜天曉（其二）
細看來不是楊花點點是離人淚（其三）

註一九　楊易霖：《周詞訂律》（台北：學海出版社景印，1935年），頁
　　　18-21。
註二〇　同上註，引鄭文焯語。

　　　料多情夢裡端來見我也參差是（其四）

都可讀作「五四四」句法；但有人以爲其三之例當讀「三四三
三」。按：與蘇軾同時代諸人作品：

　　　望章臺路杳金鞍遊蕩有盈盈淚（章粢）
　　　到流年過盡韶華去了起浮生歎（黃裳）
　　　仗誰人向道何如留取倚朱欄看（晁端禮一）
　　　念當年門裡如今陌上灑離人淚（同上二）
　　　料明年更發多應更好約鄰翁看（同上三）
　　　憑欄干但有盈盈淚眼把羅襟看（同上四）
　　　念多情但有當時皓月向人依舊（秦觀一）
　　　向松陵回首平蕪盡處在青山外（晁補之一）
　　　待歸時攬取庭前皓月也應堪寄（晁補之二）
　　　望隨河一帶傷心霧靄遣離魂斷（晁補之三）
　　　恨玉容不見瓊花謾好與何人比（周邦彥）

諸作末四字都自爲小句，上九字可作「五四」或「三六」。但
知樂之姜夔，有一詞作「甚謝郎也恨飄零解道月明千里」；吳
文英一詞作「想驕驄又踏西湖二十四番花信」；張炎一詞作
「待相逢說與相思想亦在相思裡」，皆讀成「三四六」。相同
的情形，在某些詞的開端處也曾出現，如【八聲甘州】：

　　對瀟瀟暮雨灑江天，一番洗清秋。（柳永）

　　有情風萬里捲潮來，無情送潮歸。（蘇軾）

　　渺空煙四遠，是何年、青天墜長星。（吳文英）

　　摘梅薦酒，甚殘寒、猶怯苧蘿衣。（湯恢）

也是句讀不定。由此可知，句讀由音譜來；熟知音譜自可定句讀。陳匪石《宋詞舉》論蘇軾【水龍吟】「考律」云：「韻拍不變，句法參差；在同一宮調中，不能謂之另體也。」即是依音樂立說。

　　前云同一詞牌，字數或有參差，其原因之一為知樂者依樂譜填詞，自可增減文字；或稱增字為襯字。如前引周詞【荔枝香】即屬之。詞有襯字，明代已有人論及；反對詞有襯字者，也不乏其人。主張詞有襯字者如沈雄、卓珂月、江順詒、毛先舒、況周頤；今人如任二北、冒廣生、夏承燾、龍沐勛、俞平伯、羅忼烈、王季思、鄭騫先生、洪惟助、林玫儀；皆主張詞有襯字。主張詞無襯字者如萬樹，近人王力、吳迦陵。其實，詞之有襯字，乃是詞譜格律形成之後的事，非依樂譜配詞時的情形。關於「襯字」，羅忼烈〈填詞襯字釋例〉、[註二一] 林玫儀〈論詞之襯字〉[註二二] 二文，論述極詳，可以參閱。

[註二一]　羅忼烈：《詞曲論稿》（台北：木鐸出版社排印，1982。）頁142 —175。

[註二二]　林玫儀：《詞學考詮》（臺北：聯經出版公司，1987）頁169—199。

六、聲調

歌曲的樂音，有高低長短之別；歌詞的語音，也有長短高下之分。西洋歌詞，還有輕重律；中國漢語歌詞，還有四聲之辨。就漢語而言，發聲方法、部位相同，而四聲不同，意義或即有異，甚且相差極遠。歌詞既與樂曲相配，若四聲配置不妥，將會扭曲歌詞及歌曲所要表達的意念與情緒。李抱忱曾舉例說明此一現象，他說：抗日時期有三個非常重要的字「九一八」，旋律配得不得法，聽起來像「揪尾巴」：

還有人把「大道之行也」的「大道」配成「大刀」：註二三

李氏所論，偏重爲歌詞譜曲；其實，爲歌譜配詞也是如此。

古人論詞曲之慎用四聲，甚至及於陰陽。如元代周德清《中原音韻・序》中已指明「聲分平仄，字別陰陽」；又說：

註二三　李抱忱：〈談給中文歌詞作曲〉，見不著編者《近七十年來中國藝術歌曲》（臺北：中央文物供應社，1982）頁105--111。

「平而仄,仄而平;上去而去上;去上而上者,諺云『鈕折嗓子』是也,其如歌姬之喉咽何!」因此他在〈作詞十法〉中特別標注曲牌末句之平仄;同時又論平聲字之陰陽,如【點絳唇】首句韻腳必用陰字,如果以「天地玄黃」歌之,則歌「黃」爲「荒」;又如【寄生草】末句第五字必用陽字,若以「歸來飽飯黃昏後」爲句,歌之協矣,若以「昏黃後」歌之,則歌「昏」成「渾」。此即元曲講究四聲之例。至於論詞,如李清照(1084-?)〈詞論〉曾說:「蓋詩文分平側,而歌詞分五音,又分五聲,又分六律,又分清濁輕重。」不僅講平仄,兼及宮商角徵羽以及十二律呂,還說到唇齒喉舌鼻。張炎《詞源‧音譜》曾指出其父張樞作【瑞鶴仙】有云:「粉蝶兒撲定花心不去。」「撲」字稍不協歌譜,改爲「守」始協;又作【惜花陰】云:「瑣窗深」,「深」不協,改「幽」又不協,改爲「明」始協。因此張炎說:「雅詞協音,雖一字亦不放過。」「五音有唇齒喉舌鼻,所以有輕清重濁之分。」他重視音律,不是僅限於平仄,而是要協音譜。呂澂《詞源疏證‧序》說:「所謂協音遣字,亦應於旋律變化求之,非徒字之宮商而已。」是能知張炎之意。與張炎同時的沈義父,在《樂府指迷》中也指出:詞要協律腔,音律不差,才有人唱:「前輩好詞甚多,往往不協律腔,所以無人唱。」《詞源》附楊纘〈作詞五要〉也說要填詞按譜:「自古作詞者能依句者已少;依譜填詞,百無一二。詞若歌韻不協,奚取焉?」此真知四聲當自音譜腔律而來;如方千里、楊澤民、陳允平,株守周邦彥

的四聲作詞，只是皮相而已，非真知聲律者。當然，依譜填詞，並不是不論四聲，其考究的程度猶在四聲之上。然能歌詞者少，今日詞之聲腔又不可知，姜譜也不知如何歌唱；作詞只能講求平仄四聲而已。此《詞律》、《詞譜》所以作也。許多學者講論詞學，研究四聲，也僅此而已。

至於四聲如何與音譜相配？宋人之說，已不可知。明朝沈璟（1553－1610）曾說：「凡曲，去聲當高唱，上聲當低唱，平入聲又當酌其高低，不可令混。」註二四 吳梅（1884-1939）《顧曲麈談・原曲》云：「就曲調之高低，以律字音之卑亢。調之低者，宜用上聲字；調之高者，宜用去聲字。」此特就曲，尤其崑曲而論。至於詞，吳梅《詞學通論》第二章曾指明上、去聲之重要；甚且論及平聲之陰陽：「大抵聲音之高下，以工字為準；工字以上為高音，工字以下為低音（此約略言之，勿過拘泥）；高者宜陰字，低者宜陽字，此大較也。」其說真是約略言之。其實高低乃在於相鄰音符之相對高低，不限於某字以上以下。如姜夔【暗香】：「不管清寒與攀折」，譜作「上一四合六五六」，「清寒」乃「四合」，音比「工」低，上陰下陽；吳文英作「青紅」，為上陰下陽，是其例。

平仄固然須講究；然尚有數事，不可不知。前所論平仄，主要係由音譜即歌曲律腔而來，然則平仄四聲之聲調值，是否

註二四　王驥德《曲律・論平仄》引；沈寵綏《度曲須知・四聲批竅》引，俱見《中國古典戲曲論著集成》（北京：中國戲劇出版社，1982）所錄本。

全漢語系統一致？恐怕不然，前文已有論述。楊蔭瀏曾轉述羅常培《中國音韻學導論》之言，謂：以現代方音證之，北平讀陰平「衣」為高平調，關中人聞之，必謂與去聲「意」字相近。註二五　又高更生等《現代漢語》曾指出：不同漢語方言系統的聲調值不同，並附錄〈聲調對照表〉，註二六　可以看出現今漢語七大方言區四聲聲調值的差異。以今溯古，宋代的語言未必統一；宋人詞有以方音協韻之例，註二七　如黃庭堅（1045-1105）【念奴嬌】以「笛」與「竹、木」等押韻，陸游以為瀘、戎間謂「笛」為「獨」。註二八　可見有方音之異。再如姜夔【滿江紅】的序語，曾指出周邦彥末句作「無心撲」，「歌者將『心』字融入去聲，方諧音律。」因此，姜氏末句作「聞佩環」，押平聲韻，則協律。此中緣故，值得探索：是方音之異？抑是時移世易而語音變化？此外，姜夔譜尚有音譜同而歌詞平仄不同的，如【暗香】：「喚起玉人」與「翠尊易泣」，譜都是「合一上尺」，歌詞第二、四兩字卻互異平仄，難道此二字不拘不仄？（如此之例尚有，見次篇）況且晚唐、五代時，尚有部分詞牌之平仄，出入甚大。這是值得注意的事。

註二五　楊蔭瀏：〈語言音樂初探〉，見《語言與音樂》（台北：丹青圖書　　　公司排印，1986），頁56。
註二六　高更生等：《現代漢語》上冊（濟南：山東教育出版社，1984）頁　　　96。
註二七　夏承燾：《作詞法》（臺南：北一出版社），頁31。
註二八　陸游：《老學庵筆記》卷二（臺北：商務印書館《四部叢刊》本）

由上所述，可知歌詞四聲的重要性，四聲須與音譜相合，方能正確表達意義與情緒。可是我們我們須考慮到：各地語音聲調值是否相同。實不可以某一語言的聲調值，來規範所有漢語系統的語言，畢竟有方言的差異。同時由於時間的推移，同一地區的不同時代的語言，其聲調值也未必一致。吾人今日論詞之平仄，實基於一假設：唐、宋詞之語言，其聲調值當係相同。至於如何安排平上去入，詞譜格律的專書，論述已詳，不必贅言。

至於平仄四聲對詞的藝術影響如何，音樂與歌詞的分合對詞的藝術成就有何關聯，不是本篇討論的重點。施議對《詞與音樂關係研究》一書，曾有分析；可以參看。註二九

七、結語

詞既是音樂歌詞，音樂對詞必定影響甚大。本篇試圖從音樂的形式，討論詞的分類、分遍，以及分均、句法、平仄。大致上，吾人所謂詞的格律，即平仄、押韻、句法，主要是由音樂而起，由語言與音樂配合而成。平仄與音樂旋律高低、相對音律高低有關；押韻與音樂母題(motive)或樂句有關；句法與樂句組織方式有關。至於詞之為令、引、近、慢、破……等

註二九　施議對：《詞與音樂關係研究》（北京：中國社會科學出版社，1985）

形式，以及組織方式，雖不是直接而明顯的關涉到格律，卻也是形成格律的要素之一。是以本篇一併論及。

　　但是，在討論中，可以發現直接影響於詞譜格律的相關音樂文獻，並不十分充足，目前的研究也不充分。尤其在音譜與平仄的對應關係，因有語言，尤其語音聲調值的問題，以及聲腔的問題，紛雜難詳。是以吾人論詞的格律，如非發現更多的詞樂譜，也只能考訂平仄而已。若要填詞，也只能像沈義父《樂府指迷》所說的：「將古知音人曲一腔三兩隻參訂」，然後依其平仄或四聲寫作，如同寫作古典近體詩即可；不必盼望恢復「唐、宋詞」的歌唱盛況。

詞譜格律原論

肆　詞譜格律與語言音律的關係

一、前言

　　「詞」是唐、宋時期曲子歌詞的省稱。每一首詞都有它的樂譜。每一首曲子的歌詞都有它的語言結構，包含句子的節奏、句讀、平仄、韻腳；這種語言結構即是「詞譜格律」。詞既然是曲子的歌詞，它的格律自然與音樂關係極為密切；前文已經討論。註一

　　其實，詞的格律並不是只受到音樂的制約，就現存的最可靠的詞樂資料姜夔（1155?--1221?）《白石道人歌曲》中的詞樂譜來看：上、下片樂譜相同之處，語言結構、平仄大致相同。但有些樂譜相同的兩句歌詞，平仄並不相同；如【暗香】上片的第二均首句「喚起玉人」，下片的第二均首句「翠尊易泣」曲譜都是「合一上尺」，可是前者是「仄仄仄平」後者是「仄平仄仄」；又如【徵招】上、下片最後一個樂句曲譜相同，如果略去「拍指譜」符號，將俗字譜譯為工尺譜，則是「尺工凡工尺勾一合一尺工尺」，除第一個「尺」外，另三個「尺」都有「拍指譜」，依序為「折」「小頓」「大頓」；曲

註一　見前篇〈詞譜格律與音樂的關係〉，原名〈論詞之格律與音樂的關係〉，「第一屆詞學國際研會」論文（臺北：中央研究院,1993.04.）

譜相同，但所配的歌詞上片是「記憶江南，落帆沙際，此行還是」，下片是「水葒晚，漠漠搖煙，奈未成歸計」。又【暗香】上片「何遜而今漸老」句，下片相應位置歌詞是「長記曾攜手處」，曲譜（略去拍指譜）都是「上一五六凡六」；但句法不同，上句是２／２／２，下片是２／１／３。【秋宵吟】上片的第二均「蛩吟苦」，下片的第二均「因嗟念」，曲譜（略去拍指譜）都是「一四合」，句法卻不同。雖然這些只是姜夔旁譜中的例外，但是已經足以說明樂譜不是影響格律的唯一因素。

　　而且，有些詞是先有歌詞再譜上歌曲的，如姜夔在自度曲【長亭怨慢】序稱：「予頗喜自製曲，初率意爲長短句，然後協以律；故前後闋多不同。」凡此等詞的格律，應當從歌詞入手討論；即是從詩歌韻律來討論。

　　「詞」本身既是詩歌，自然具有詩歌韻律；它的格律必定與語言音律關係密切。語言音律的要素，指語音長短，或輕重，或高低，以及音色；在中國漢語語系，則是聲調與韻腳。漢語的聲調，成份相當複雜；王力以爲「是以音高（Pitch）爲主要特徵，但是長短和升降也有關係」。註二 丁邦新則以爲漢語的聲調是平仄律。註三 謝雲飛討論文學音律時，認爲漢語

註二　王力：《漢語詩律學》（上海：上海教育出版社，1979新二版）頁6。

註三　丁邦新：〈從聲韻學看文學〉，《中外文學》4卷1期（1975.06）頁128—147。

詩歌中有長短律、輕重律、高低律、音色律、節拍律。[註四] 如果就詞譜格律來說，即是聲調平仄、協韻與音節節拍。聲調與協韻，歷來談論的人已相當多。至於音節節拍，詩詞學理論裡習慣稱爲「句法」（不是語言學的「句法」），牽涉到語言音節的問題；王力曾加以論述，並談論到語法特點，頗有可觀。[註五] 不過王氏僅以句讀的「句」爲單位，沒有以「均」爲單位，似乎有所不足。——所謂「均」，唐朝人稱爲「樂句」，宋朝人稱「均」，原是指具有完整旋律的一小段樂曲，相當於近世音樂所謂大樂句（sentence）或小樂句(phrase)〔須由歌曲形式決定〕；此借爲配合樂句的一段完整意義的句子。(下文爲方便討論，稱「均」。)——曾永義認爲在中國詩歌中，決定韻文語言旋律的因素有：聲調的組合、韻協的布置、語言的長度、音節的形式、詞彙的結構、意象情趣的感染。[註六] 他是就作品來討論。其中語言的長度、音節的形式，包含在「句法」之中；詞彙的結構、意象情趣的感染，則是作家的寫作功夫，不屬格律範圍。本篇僅討論語言音律的句法、聲調、協韻三部分。

[註四] 謝雲飛：〈語言音律與文學音律的分析研究〉，《文學與音律》（臺北：東大圖書公司，1978）頁 1—30。

[註五] 王力：《詩詞格律》，《王力文集第十五卷》（濟南：山東教育出版社，1989）頁430—444。

[註六] 曾永義：〈中國詩歌中的語言旋律〉，《詩歌與戲曲》（臺北：聯經出版公司，1988）頁 1—47。

二、句法

　　本文所稱「句法」，近世學者大抵稱爲「句式」，是指漢語詩歌（含詩、詞、曲）句子的節奏組織形式；不是語法學上的「語法」，也不是詩文作法中的文字鍛鍊。

　　漢語詩詞的節奏，一般是以每兩個音節（即兩個字）作爲一個節奏單位；王力、啓功等都是如此主張。^{註七} 可是，漢語詩歌實際是以五言或七言爲主。習慣上視五言爲上二下三，七言爲上四下三；把末三字當作一個三音節的短句或詞組。如果詳細分析末三字，就有上一下二或上二下一的形式。「一」，啓功稱爲「半節」，其實是一個獨立的單音節節奏。

　　討論詞的句法，要以「均」爲單位；不是以「句讀」的「句」爲單位。因爲，詞的句子要與音樂配合，完整意義單位的句子配合完整旋律的樂句。^{註八} 如果就詞樂節拍來說，即是以「句拍」或「均拍」爲單位；句拍、均拍都與詞的句子形式有關。^{註九} 一般學者論句子的形式，大抵以句讀所形成的小句爲單位，這是通融的辦法。因爲一「均」，可能是一個單句，或一複句，或合兩、三個短句而成；一句之中，又因意義的緣故或者音樂的緣故，須作小停頓。至於有人把領調字當作一字

註七　王力，同註五，頁430。
　　　啓功：《詩文聲律論稿》（香港：中華書局）頁22—28。
註八　同註一。
註九　王風桐、張林：《中國音樂節拍法》（北京：中國文聯出版公司，1992）頁54。

句，則是不妥當的。（爲了敘述方便，下文稱「均」中句讀所分出的文句爲「小句」）

　　晚唐、五代的詞，有些仍然是詩。如《花間集》，一部可靠的詞選集，所錄【楊柳枝】（顧敻所作除外）、【浪濤沙】、牛嶠【柳枝】，都是七言絕句詩；皇甫松【採蓮子】若除去「舉棹」、「年少」和聲，孫光憲【竹枝】之一若除去「竹枝」、「女兒」和聲，也是七言絕句。這些詞源於民歌；有的學者不承認它們是「詞」。註一○ 其他尚有【八拍蠻】類似絕句，【醉公子】類似二首五言絕句組成，【玉樓春】類似二首仄韻七絕組成；魏承班的【生查子】類似五律，其句式組織也與詩句相同。此等詞的句子，當以詩句看待。而有些詞，大致是絕句詩而將和聲改爲有意義的語句，如張泌【柳枝】、顧敻【楊柳枝】，可以看出歌詞形式變化的痕跡。

　　詞既以「均」爲單位，每個「均」的歌詞可能是一個長句——單句或複句——，或是數個短句組成。因而討論句法時，須考慮每句歌詞的字數。吳梅（1884--1939）論句法只論一至七言句，註一一 王力在談論詞字的平仄時，嘗分別敘述一字至十一字句；註一二 其他學者有人則論述一至十字句，註一三 不

註一○　蕭繼宗：《評點校注花間集》（臺北：臺灣學生書局，1977）頁44、83、91、180、231、428。
註一一　吳梅：《詞學通論》（臺北：臺灣商務印書館，1967）頁44—46。
註一二　同註二，頁582—651。
註一三　馬興榮：《詞學綜論》（濟南：齊魯出版社，1989）頁46—65。

一而足。其實,在一均中,一字句並不能單獨存在;經常是整個句子中的一部分。如《詞律》卷一錄蔡伸【十六字令】:「天,休使圓蟾照客眠。」「天」字並不構成一文法上的文句;所舉詞例張于湖詞的第一字「歸」,也不構成句子。所謂二字句,其實是兩個音節,是整個句子的一個節奏而已,經常是一個詞或詞組,或是一無主語短句;其意義也經常受到均中句子的制約。而三字以上,則可以構成兩個以上的節奏。試舉例以說明詞句的節奏組織形式:(阿拉伯數字表示每一意義形式的節奏音節數。)

請先以姜夔詞樂譜所附歌詞為例,因為它是一支詞牌最早歌詞,如【鬲溪梅令】(頁63),上、下片樂譜可謂相同:

好花/不與/殢香/人,浪/粼粼。
又恐/春風/歸去/綠/成陰。玉鈿/何處/尋。(上片)
木蘭/雙槳/夢中/雲,小/橫陳。
漫向/孤山/山下/覓/盈盈。翠禽/啼/一春。(下片)

藍少成、陳振寰主編:《詩詞曲格律與欣賞》(桂林:廣西師範大學出版社,1987)頁119—123。
其它論詞的句法平仄的論著尚多,如王忠林先生《中國文學之聲律研》(就臺灣師範大學博士論文,1962),陳弘治:《詞學今論》。

這是令詞。上、下片第二均的第二小句五言，一作「２／２／１」，一作「２／１／２」，樂譜既然相同，可見五言後三字的節奏點可以因意義形式而移動。「又恐……」與「漫向……」兩句，可各分爲上六下三言兩部分。不過，宋代並沒有其他詞人寫作本詞牌。又如姜氏【杏花天】：^{註一四}

　　綠絲／低拂／鴛鴦／浦，想／桃葉／當時／喚渡。

　　又將／愁眼／與／春風，待去；倚／蘭橈／更／少駐。
（上片）

　　金陵／路／鶯吟／燕舞，算／潮水／知人／最苦。

　　滿汀／芳草／不成／歸，日暮；更／移舟／向／甚處。
（下片）

「想挑葉……」與「算潮水……」兩個七言句，都是上三下四形式，第一字要單獨出來成一音節節奏。「又將……」與「滿汀……」兩句七言爲上四下三形式，三言部分一作做「１／２」，一作「２／１」形式。「倚蘭橈……」與「更移舟……」等兩句，爲上三下三形式。「待去」與「日暮」，雖然押韻，卻不是完整的句子形式，須與上下文配合才能成爲句子；在節奏上，是個特別的方式，實際演出時，拍板也一定有

註一四　《彊村叢書》本目錄題爲【杏花天影】，內文題爲【杏花天】。

特別的處理方式(花拍)。其實姜氏此作，與較早的詞人所作不同，如朱敦儒（1081－1159）所作之一：

> 殘春／庭院／東風／曉，細雨／打／鴛鴦／寒峭。
> 花尖／望見／秋千／了，無路／踏青／鬥草。（上片）
> 人／別後／碧雲／信杳，對／好景／愁多／歡少。
> 等他／燕子／傳／音耗，紅杏／開／也／未到。(下片)

上、下片第一均的第二小句是上三下四句法，前三字節奏點不同。下片末句節奏為「2/1/1/2」。據此看來，姜氏似乎是將舊譜略微改易，在上、下片的第二均第一小句句末加以改變，添兩字；並將末句改為上三下三句式，而成為新形式。

再舉較早的令詞為例，如五代時毛文錫【虞美人】：

> 寶檀／金縷／鴛鴦／枕，綬帶／盤／宮錦。
> 夕陽／低小／映／窗明，南園／綠樹／語／鶯鶯，夢／難成。（上片）
> 玉爐／香暖／頻／添炷，滿地／飄／輕絮。
> 珠簾／不捲／度／沈煙，庭前／閑立／畫／鞦韆，豔陽／天。（下片）

上、下片第一均第一小句的後三字，節奏點不同；第二均第三

小句的節奏點也不同。《花間集》所載皆如此。李煜（937－978）的【虞美人】：

> 春花／秋月／何時／了，往事／知／多少。
> 小樓／昨夜／又／東風，故國／不堪／回首／月明／
> 中。（上片）
> 雕欄／玉砌／應／猶在，只是／朱顏／改。
> 問君／能有／幾多／愁，恰似／一江／春水／向東／
> 流。（下片）

李氏作與毛氏作，上、下片的第二均不同：毛氏分爲三小句，李氏作二小句；毛氏第二小句的平仄，與李氏相應位置文字的平仄也不同。應是樂譜有所差異之故。後世依李氏作的人較多。李氏末句九言，看成上二下七形式似乎較上六下三形式爲佳。但也有人作上四下五形式，如姜夔有一首作「花樹／扶疏／一半／白雲／遮」，節奏與李氏作無異，但與意義形式結合後，卻成「花樹扶疏、一半白雲遮」；姜氏精於音樂，值得注意。

引詞如王安石（1021--1086）的【千秋歲引】：

> 別館／寒砧，孤城／畫角。一派／秋聲／入／寥廓。
> 東歸／燕／從／海上／去，南來／雁／向／沙頭／落。
> 楚臺／風，庾樓／月，宛如／昨。（上片）

無奈／被些／名利／縛,無奈／被他／情／擔閣,可惜／
風流／總／閒卻。

當初／謾留／華表／語,而今／誤我／秦樓／約。

夢闌／時,酒醒／後,思量／著。（下片）

杜文瀾校刊《詞律》卷十以爲「此詞即【千秋歲】調添減攤破,自成一體。」似乎就字數、文句立論,恐未必是。應當解釋爲:將【千秋歲】改爲引詞。上片第二均兩小句都作「2／1／1／2／1」形式,中間有兩個單音節的節奏,應是遷就意義形式而改變音節形式;應當如下片作「2／2／2／1」的形式才是正格;陳德武、梅坡所作即是如此。

周邦彥（1056--1121）【蕙蘭芳引】:

寒螢／晚空,點／青鏡／斷霞／孤鶩。

對／客館／深扃,霜草／未衰／更綠。

倦遊／厭旅,但／夢遠／阿嬌／金屋。

想／故人／別後,盡日／空疑／風竹。（上片）

塞北／氍毹,江南／圖障,是處／溫燠。

更／花管／雲牋,猶寫／寄情／舊曲。

音塵／迅遞,但勞／遠目。

今夜／長,爭奈／枕單／人獨。（下片）

上片第一均，楊澤民作「池亭小、簾幕初下，散飛鳧鷺。」第二、四均的第一小句「１／２／２」，吳文英作「２／１／２」形式；下片末均楊澤民作「教後人行樂，亦非吾樂。」楊易霖以為皆誤。註一五

　　近詞如柳永（987?--1053?）【荔枝香近】：

　　　甚處／尋芳／賞翠，歸去／晚。
　　　緩步／羅襪／生塵，來繞／瓊筵／看。
　　　金縷／霞衣／輕褪，似覺／春遊／倦。
　　　遙認，眾裡／盈盈／好／身段。（上片）
　　　擬／回首，又／佇立／簾幃／畔。
　　　素臉／紅眉，時揭／蓋頭／微見。
　　　笑整／金翹，一點／芳心／在／嬌眼。
　　　王孫／空恁／腸斷。（下片）

周邦彥所作二首，其中一首上片第四均陳元龍注本作「看／兩兩／相依／燕／新乳」，鄭文焯校注本以為「看」脫一字，按南宋楊澤民、方千里、陳允平和作皆與柳氏合，吳文英所作亦同；則陳注本無脫誤。另一首句式與此有異，錄於下：

註一五　楊易霖：《周詞訂律》（臺北：學海出版社據1935年本影印，1975）卷五葉一八。

夜來／寒侵／酒席，露／微泫。

烏履／初會，香澤／方薰。

無端／暗雨／催人，但怪／燈偏／簾卷。

回顧，始覺／驚鴻／去雲／遠。（上片）

大都／世間／最苦／唯／聚散。

到得／春殘，看／即是／開／離宴。

細思／別後，柳眼／花鬚／更／誰剪。

此懷／何處／消遣。（下片）

方千里、楊澤民和作上片第二均皆失韻；陳允平不誤。上片第二、三均與前一首字數、音節不同。第一、四均末三字節奏點不同。下片第一、二均與前一首字數相同，節奏不盡相同。柳氏、周氏精通音樂，這種情況值得注意。

慢詞，請以姜夔先詞後曲的【長亭怨慢】為例：

漸／吹盡／枝頭／香絮。是處／人家，綠深／門戶。

遠浦／縈回，幕帆／零亂／向／何許。

閱人／多矣，誰／得似／長亭／樹。

樹若／有情／時，不／會得／青青／如許。（上片）

日暮。望／高城／不見，只見／亂山／無數。

韋郎／去也，怎／忘得／玉環／吩咐。

第一／是／早早／歸來，怕／紅萼／無人／為主。

算／空有／并刀，難剪／離愁／千縷。（下片）

周密（1232--?）曾「譜白石自製調」，下片第三均第一小句作「燕樓／鶴表／半／飄零」，與姜氏異。王沂孫上片第三均第二小句作「空／惆悵／成／秋苑」，下片第一均第二小句作「怎知／流水／外」，第三均第二小句作「望／不盡／苒苒／斜陽」，與姜氏有異。張炎（1248--1327?）曾作四首，上片第二均第二小句一作「２／２／２／１」形式，；第三均第二小句作「１／２／２／２」，比姜氏多一字；第四均作「四言、七言」兩小句，少姜氏一字。下片第三均第一小句，三首同王沂孫，一首同姜氏。張炎精通音律，值得注意。除上片第三均增一字第四均減一字外，下片第三均前小句首三字「２／１」或作「１／２」。

　　再舉柳永【八聲甘州】爲例：

　　　　對／瀟瀟／暮雨／灑／江天，一番／洗／清秋。
　　　　漸／霜風／淒緊，關河／冷落，殘照／當樓。
　　　　是處／紅衰／翠減，苒苒／物華／休。
　　　　惟有／長江／水，無語／東流。（上片）
　　　　不忍／登高／臨遠，望／故鄉／渺邈，歸思／難收。
　　　　歎／年來／蹤跡，何事／苦／淹留。
　　　　想／佳人／妝樓／顒望，誤／幾回／天際／識／歸舟。
　　　　爭知／我／倚／闌干／處，正恁／凝眸。（下片）

103

此殆即王灼所謂就大曲本宮調制引序慢近令之類。[註一六] 萬樹《詞律》不以柳永此作爲正格，而以南宋劉過（1154--1206）所作爲正格。但是，萬氏也說：「作者多用此體。」又指出末均「倚闌干處」四字之內，「闌干」二字相連，並舉晁補之（1053--1110）、吳文英、張炎的作品爲證，說「此雖非大關係，古作者不必皆同，然亦不可不知；夢窗之故意填此，必有謂也。」[註一七] 其實仍有許多作家將末均寫成「２／１／２／２，２／２」的音節形式。至於第一均十三字，依柳氏作，應當作「八言、五言」兩小句，首字爲領調字；可是有不少人將第一小句在第三字小逗，成「三言、五言」形式，似乎受蘇軾（1037--1101）「有情風萬捲里捲潮來，無情送朝歸」的影響；也有人作「五言、八言」兩小句，如吳文英作「渺空煙四遠，是何年、青天墜長星」，成「１／２／２，１／２／２／１／２」形式(參見前篇83頁)。又如【念奴嬌】的句法，引起相當大的爭議：較早作此曲的作家，如蘇軾有兩首，龍沐勛曾比勘其句讀，說「句度差異如此」。[註一八] 其實，通行本的〈赤壁懷古〉一首，音節形式應當如下：

註一六　王灼：《碧雞漫志》（臺北：藝文印書館《百部叢書集成》影印《知不足齋叢書》本）卷四〈甘州〉條。

註一七　萬樹：《詞律》卷一，（臺北：廣文書局索引本，據杜文瀾校刊本影印，1971）頁18。

註一八　龍沐勛：〈詞律質疑〉，《詞學季刊》1卷3號（1933.12）頁1—16。

大江／東去，浪／淘盡／千古／風流／人物。

故壘／西邊，人／道是／三國／周郎／赤壁。

亂石／崩雲，驚濤／裂岸，捲起／千堆／雪。

江山／如畫，一時／多少／豪傑。　　　（上片）

遙想／公瑾／當年，小喬／初嫁，了／雄姿／英發。

羽扇／綸巾，談笑／間／強虜／灰飛／煙滅。

故國／神遊，多情／應笑，我／早生／華髮。

人生／如夢，一尊／還酹／江月。　　　（下片）

　與蘇軾同時的黃庭堅（1045--1105）所作，即是如此斷句，精通音樂的姜夔亦然；但有部分音節因爲意義形式而引起爭論。近日學者討論這問題的論文，見黃坤堯等編《大江東去——蘇軾念奴嬌正格論集》。註* 其中爭論點有三：一是第一均第二

註* 關於本詞牌格律的討論，在《詞律》、《詞譜》、朱彝尊《詞綜》已
　　開其端。近時較大規模的討論，是針對蘇軾〈赤壁懷古〉詞的句讀。
　　重要的論文收錄於黃坤堯、朱國藩編《大江東去——蘇軾念奴嬌正格
　　論集》（香港：香港中文大學，1992），計有：
　　何文匯：〈蘇軾【念奴嬌】赤壁詞正格〉
　　繆　鉞：〈讀〈蘇軾【念奴嬌】赤壁詞正格〉書後〉
　　施蟄存：〈樂句與文句〉
　　鍾樹梁：〈關於蘇軾【念奴嬌】赤壁懷古〉
　　林玫儀：〈論東坡【念奴嬌】赤壁詞之破法〉
　　曾永義：〈也談蘇軾【念奴嬌】赤壁詞的格式〉
　　周策縱：〈蘇軾【念奴嬌】赤壁詞格律與原文試考〉
　　葉嘉瑩、祝曉風：〈關於〈蘇軾【念奴嬌】赤壁詞正格〉的幾點看
　　法〉

小句九字，周邦彥作「聽／一聲／啼鳥／幽齋／岑寂」，一般在「啼鳥」處句讀。姜氏作「記／來時／嘗與／鴛鴦／爲侶」，蘇軾另一首作「見／長空／萬里／雲／無／留跡」，就均句而言並無不妥。其二是下片第一均的後兩小句，一般讀成「小喬初嫁了，雄姿英發」；其實並不合文法。因爲「小喬初嫁」表示時間，來說明「當年」；「了」字修飾「雄姿」，是「全然的」之意，或另有其它尚未考查出來的意義。若將「了」上讀，當作語尾語氣詞，北宋時似尚無此用法；當作「完了」之意解釋，「初嫁了」不成文意。蘇軾另一首作「舉杯／邀月，對影／成／三客」，與此相合。（前篇別有不同論點的說法。）其三是下片第三均後兩小句，一般讀爲「多情／應／笑我，早生／華髮」；「早生華法」便成爲「我」的修飾語。若如上文所句讀，「我早生華髮」則是「笑」的賓語，並無不通之虞；蘇軾另首作「翻然歸去，何用騎鵬翼」，即是此格。

　　由上文所舉的例子，可以看出：不同作家（甚至同一作家）的同一詞牌作品，其相應句讀的音節形式有所不同，尤其是五、七言句末三字，或作「２／１」，或作「１／２」，似乎沒有嚴格的限制；可見詩人可以依意義形式而改變節奏形式。

　　即使是同一詞牌，同一作家的作品，尚有字數不同之例，如前文所述周邦彥【荔枝香近】二首，宮調相同，句法卻有所

何文匯：〈再論【念奴嬌】赤壁詞正格並答時賢〉
常宗豪：〈與何文匯論東格詞書〉
梁仲文：〈「小喬初嫁了雄姿英發」——「大江東去」句讀的商榷〉

差異。柳永【過澗歇近】兩首，宮調相同，上片後二均，一
作：

　　　厭／行旅。數幅／輕帆／旋落，鐖棹／蒹葭／浦。
　　　避／長影，兩兩／舟人／深夜／語。

一作：

　　　人／寂靜。夜永／清寒，翠瓦／霜凝。
　　　臨簾／風動，漏聲／隱隱，飄來／轉／愁聽。

字數、句法不同；下片則是兩首相同。萬樹【詞律】錄晁補之
一首為格律，上片與柳永前一首相同；下片首均較柳作多二
字。此等情況，似乎可以視為精通音樂的作家，依曲拍為句，
不自限於字數。而不知音樂的作家，只能依「律」填詞，不敢
隨意增損。

　　但是，依譜律填詞，仍有一均之中的句讀、字數、音節有
異的情形，如前所述【八聲甘州】；又如【水龍吟】最後一均
（參前篇８１頁），較早的作品如章粂一首與蘇軾四首，依序分
別為：

　　　望／章臺／路杳／金鞍／游蕩，有／盈盈／淚。
　　　待／垂天／賦就／騎鯨／路穩，約／相將／去。

為／使君／洗盡／蠻風／瘴雨，作／霜天／曉。

料／多情／夢裡／端來／見我，也／參差／是。

細／看來／不是／楊花／點點，是／離人／淚。

前九字，第一、二例可讀成「１／２／２、２／２」，領字後兩個四言句；三、四、五例讀爲「１／２、２／２／２」形式，三字後小逗。後世有人將本均作爲「七言、六言」兩小句，如姜夔作「甚／謝郎／也恨／飄零，解道／月明／千里」，可能是以意義形式爲原則來處理第五例之故。陳允平、張炎（二首之一）將本均作「七言、六言」兩小句，七言句作上三下四，六言句作上三下三。姜夔、張炎精通音樂，也許別有道理。《歷代詩餘》依據各家音節形式之不同，分爲別體；陳匪石說他「不知韻拍不變，句法參差，在同一宮調中，不能謂之另體也。」註一九是依音樂立論。

由上文所舉諸例，（許多常用詞牌不遑多舉）可以看出三言以至七言的節奏音節形式：

三言：

即三音節。其節奏形式爲「２／１」，或移動節奏點成爲「１／２」。在純粹古代漢語官話中幾乎沒有三音節的語詞；卻有三音節的複合詞，其實，詞人寫作時，經常爲了意義形式而更動節奏點。

註一九　陳匪石：《宋詞舉》（臺北：正中書局，1970）頁94。

四言：

　即四音節，詞中常用。節奏形式以「２／２」最常見，
　但也有作「１／２／１」的形式。

五言：

　即五音節；詩詞中最常用。以「２／３」的形式最為常
　見，也有作「１／２／２」，或「２／２／１」，或「２
　／１／２」形式。

六言：

　即六音節；以「２／２／２」形式為最常見；也有作為
　上三下三句法。三言句法如前。又因六音節可視為「上
　二下四」或「上四下二」，又具有四言的節奏變化。

七言：

　即七音節；詩詞中極常用。以「上四下三」形式最為常
　見，作「２／２／２／１」形式。有些詞牌則一定要作
　「上三下四」，成「１／２／２／２」或「２／１／２
　／２」形式。基本上，七音節應當視為四言與三言的組
　合，再變化成較細分的音節形式。

至於八言以上，實際是一言或二言與前述各類的組合變化。

　由上文所引詞例，可知是以三、四、五、六、七言為主要
形式。其實，在一「均」內的句讀，不管是三言、四言、五
言、六言、七言，甚至於像王力所說八至十一字，其節奏基本
上是由單音節與雙音節組成。單音節的節奏如果是用在句首，
則是領調字；若不在句首，就往往與雙音節的節奏組合成三言

的形式。雙音節的詞，可能是複音詞，也可能是詞組；也可能是兩個獨立意義或不同詞性的字。平心而論，節奏的分析，必須與意義形式、平仄一併討論，才算完全。而且詞人寫作的時候，對節奏的考慮，音節的安排，其實與詞彙的選用，文句的撰作，有極大的關係。因此，吾人對句法的討論，尚須兼顧平仄、詞彙。這是我們須要了解的。

三、聲調

在詩歌中，一組長音、短音，或是輕音、重音，規則的出現，即可造成韻律，形成西方詩歌之音步。在漢語詩歌中，則是不同聲調的規則出現，即平仄律。唐、宋詞的文字聲調，較早時期可能是中古音系，宋朝可能是近古音系；兩者的聲調都是平聲、上聲、去聲、入聲，其差異是聲調值。歌詞聲調值的差異，可能影響到與樂曲的配合。但是，就語言而言，同一語言或方言系統，不管時代如何轉移，聲調如何流變，同系統中四聲的相對性仍然存在，平聲仍是平聲，上聲仍是上聲，去聲仍是去聲，入聲仍是入聲；除非某些字的聲調值變化成另一聲調的聲調值。因此，不管是中古音或近古音，平聲與仄聲（含上聲、去聲、入聲）的差異仍然存在。

漢語四聲的差異，固然在於聲音的高低；但是，在實際的語言運用上，即在說話語言上，仍有長、短的差異，如入聲比其它三聲短，去聲可能比平、上聲短。而且，漢語的運用，並

不是只以單字、單音節為單位，經常是複音節的形式，其中某一音節要加重其強度；因此，漢語的平仄也帶有輕重的差異。

此外，漢語詩歌的平仄聲所形成的音節節奏，還要與句法的意義節奏相配合；因為詩歌語言是以「詞」的形式出現，或單音節，或雙音節，不是以「字」的形式出現。為了平仄的韻律，詩人在選詞用字的時候，就必須考慮語詞的聲調。

唐、宋詞人對聲調的講究，依夏承燾的研究：唐末溫庭筠（812?--870?）已分辨平仄；柳永分別上、去聲，尤嚴於入聲；晏殊（991--1055）辨去聲，嚴於結句；周邦彥用四聲；宋季諸家辨五音、分陰陽。[註二〇] 似乎時代愈晚，講究愈為嚴密。大抵精通音樂的詞人，對聲調比較講究；因為他們知道歌詞與樂曲相配的關係，也因此知道平仄有可以通變不拘的地方。如姜夔所作附曲譜的作品，上、下片相應的樂句，如果樂譜相同，歌詞的平仄大致相同；但是也有平仄不同的，如：

	上片	*下片*
【鬲溪梅令】	好花「不」與殢香人	木蘭「雙」槳夢中雲
【玉梅令】	春寒鎖舊家「亭」館	花長好願公「更」健
	有「玉」梅「幾」樹	便「揉」春「為」酒
【揚州慢】	「薺」麥青青	「難」賦深情

註二〇　夏承燾：〈唐宋詞字聲之演變〉，《唐宋詞論叢》（香港：中華書局，1985）頁53—89。

【長亭怨慢】樹「若」有情時　　　算「空」有并刀
【暗香】　　喚「起」玉「人」　　　翠「尊」易「泣」
　　　　　　「不」管清寒與攀折　　「紅」萼無言耿相憶
【疏影】　　「籬」角黃昏　　　　　「不」管盈盈
　　　　　　「無言自倚」修竹　　　「早與安排」金屋
　　　　　　但暗憶「江」南江北　　又卻怨「玉」龍哀曲
　　　　　　「月」夜歸來　　　　　「重」覓幽香
【角招】記得「與」君湖「上」攜手　愛著「宮」黃而「今」時
　　　　　　　　　　　　　　　　候
【徵招】　　黍離離「如」此　　　　擁愁鬢「十」二
【淒涼犯】　一「片」離索　　　　　晚「花」行樂
　　　　　　似當時「將軍」部曲　　怕匆匆「不肯」寄與

　其中有一部分似乎可以解釋為「入可代平」，因為唱入聲出口
即斷，然後以平聲音拖曳。（有人以為「與」字可以念平聲，
那是當語尾詞用。）由這些平仄聲不分的例子，可為詞中部分
聲調可平可仄的說法提出音樂上的旁證。
　有些學者不僅詳細論辨詞的平仄聲，還將仄聲分為上、
去、入聲，尤其是兩仄連用之處。萬樹《詞律·發凡》說：

　　平仄固有定律矣。然平止一途，仄兼上、去、入三種，不
　　可遇仄而以三聲概填。蓋一調之中，可概者十之七、八，
　　不可概者十之三、四，須斟酌而後下字，方得無疵；此其

故當於口中熟吟，自得其理。夫一調有一調之風度聲響，
若上、去互易，則調不振起，便成落腔。句尾尤為喫緊，
如【永遇樂】之「尚能飯否」，【瑞鶴仙】之「又成瘦
損」；「尚」「又」必仄，「能」「成」必平，「飯」
「瘦」必去，「否」「損」必上，如此然後發調。末二字
若用平上或平去，或去去、上上、上去，皆為不合。

　　吳梅則指出【齊天樂】有四處必須用去上，【夢芙蓉】有
五處須用去上，【眉嫵】有三處須用去上，並舉作品為例。註二一
至於去聲字，學者也特別注重；宋末元初沈義父《樂府指迷》
曾指出：「句中用去聲字最為緊要。」萬樹《詞律・發凡》也
說：「名詞轉折跌蕩處，多用去聲。……當用去者非去則激不
起。」大抵長詞領調字，須用去聲，才合格律。清康熙皇帝御
製《詞譜》在各譜中須用去聲不可移易之處，都標識出來。極
易分辨。

　　基本上每一個詞譜都有其獨有的樂曲，有其獨有的節奏：
音節節奏與平仄律；因而每首詞譜的平仄格律應是獨有的。但
是，不可否認的，許多詞的五言句或七言句，其平仄格律與
唐、宋時的近體詩相同。因此，有些學者就以分析近體詩平仄
的方式來分析詞的平仄；如王力，即是以律句、準律句、拗句

來分析，[註二二] 可是他在舉例討論詞譜時，則是一字句分為 a、A 兩式，二字句分為 a、A、b、B 四式，把三字至七字句各分成八種基本形式 a、a'、A 、A'、b 、b'、B 、B'，如果某兩式均可運用時，則以另外的字母表示：

$$a + a' = x \qquad b + b' = y \qquad x + y = s$$
$$A + A' = X \qquad B + B' = Y \qquad X + Y = S$$

至於部分比普通律句更嚴時，則以「○」表平，「△」表仄聲，以標示句子平仄。他以這種方式來標示詞譜，可以節省許多篇幅。[註二三] 詹安泰（1902--1967）則是詳細的列出各種平仄方式，一字句一種，二字句四種，三字句八種，四字句十六種，五字句二十四種，六字句三十二種（除去重見，實為三十種），七字句四十三種（除重見，實為四十種）。[註二四] 馬興榮則是將平仄律與句法並論，列舉出各種句式：一字句一種，二字句四種，三字句八種，四字句十六種，五字句二十七種，六字句三十六種，七字句五十三種，八字句十九種，九字句七種，十字句三種。[註二五] 其實每一詞牌都有其獨有的句、均，有其特有的節奏，有其特有的平仄格律；雖然有些詞牌中的某些小句甚至某些均，句法、平仄與其它詞牌相同，如陳銳所論

[註二二] 同註二，頁582—651。

[註二三] 同註二，頁664—705。

[註二四] 詹安泰（湯擎民整理）：《詹安泰詞學論稿》（廣州：廣東人民出版社，1983）頁78—83。

[註二五] 同註一三，馬興榮，頁46—65。

述。註二六 因此，談論一小句的平仄，只是方便說明平仄律而已。要論平仄律，須就一首詞來看，才能顯出一詞牌或一首詞的平仄節奏。試據龍沐勛《唐宋詞格律》舉數例：（以「一」表平聲，「｜」表仄聲，「＋」表可平可仄）

篇幅短的詞牌，如溫庭筠【菩薩蠻】：

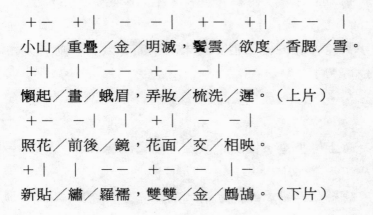

```
    ＋一　＋｜　一　一｜　＋一　＋｜　一一　　｜
    小山／重疊／金／明滅，鬢雲／欲度／香腮／雪。
    ＋｜　｜　一一　＋一　一｜　一
    懶起／畫／蛾眉，弄妝／梳洗／遲。（上片）
    ＋一　一｜　一　＋｜　一　一｜
    照花／前後／鏡，花面／交／相映。
    ＋｜　｜　一一　＋一　一　一｜
    新貼／繡／羅襦，雙雙／金／鷓鴣。（下片）
```

七言、五言小句的末三字，節奏或「２／１」或「１／２」。又如馮延巳【采桑子】：

```
    ＋一　＋｜　一一　｜　＋｜　一一
    花前／失卻／遊春／侶，獨自／尋芳。
```

註二六　陳銳：〈詞比・律調第三〉，《詞學季刊》1卷2號（1933.8）頁118.

　　　+｜　——　+｜　——　+　｜—
　　滿目／悲涼，縱有／笙歌／亦／斷腸。（上片）
　　　+—　+｜　——　｜　+｜　——
　　林間／戲蝶／簾間／燕，各自／雙雙。
　　　+｜　——　+｜　——　+　｜—
　　忍更／思量，綠樹／青苔／半／夕陽。（下片）

上、下片格律相同，七言小句末三字節奏點可移動。又如周邦彥【點絳唇】：

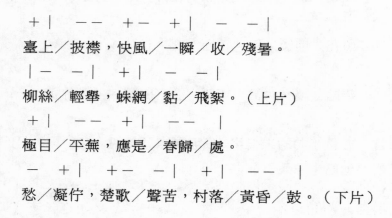

　　　+｜　——　+—　+｜　—　—｜
　　臺上／披襟，快風／一瞬／收／殘暑。
　　　｜—　—｜　+｜　—　—｜
　　柳絲／輕舉，蛛網／黏／飛絮。（上片）
　　　+｜　——　+｜　——　　｜
　　極目／平蕪，應是／春歸／處。
　　　—　+｜　+—　—｜　+｜　——　　｜
　　愁／凝佇，楚歌／聲苦，村落／黃昏／鼓。（下片）

五、七言小句末三字的節奏點可移動。篇幅長的，如秦觀（1049--1100）【滿庭芳】：

　　　+｜　——　+—　+｜　｜+　—｜　——

116

山抹／微雲，天黏／衰草，畫角／聲斷／譙門。
　｜－　－｜　－　｜｜　－－
暫停／征棹，聊／共引／離尊。

　＋｜　－－　｜｜　＋　＋｜　＋｜　－－
多少／蓬萊／舊事，空／回首／煙靄／紛紛。
－－　｜　＋｜　＋｜　＋｜　｜　－－
斜陽／外，寒鴉／數點，流水／繞／孤村。（上片）
－－　－　｜｜　－－　｜｜　＋｜
　銷魂／當／此際，香囊／暗解，羅帶／輕分。
｜　－｜　－－　＋｜
漫／贏得／青樓，薄倖／名存。
＋｜　＋－　｜｜　＋＋　｜　＋｜　－－
此去／何時／見也？襟袖／上／空惹／啼痕。
　－－　｜　＋－　＋｜　＋｜　｜　－－
傷情／處，高城／望斷，燈火／已／黃昏。（下片）

上片第二、四均與下片第四的第二小句或作上二下三；下片第
二均第一小句可作「｜／＋－／－｜」。又如周邦彥【齊天
樂】，錄楊易霖《周詞訂律》譜：

　＋－　＋｜　－　－｜　－－　｜－　－｜
綠蕪／凋盡／臺城／路，殊鄉／又逢／秋晚。

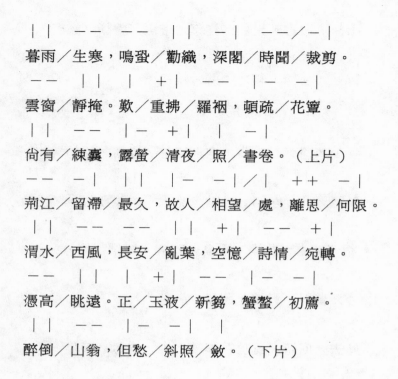

```
　　｜｜　－－　－－　｜｜　－｜　－－／－｜
　　暮雨／生寒，鳴蛩／勸織，深閣／時聞／裁剪。
　　－－　｜｜　｜　＋｜　－－　｜－　－｜
　　雲窗／靜掩。歎／重拂／羅袂，頓疏／花簟。
　　｜｜　－－　－｜　＋｜　｜－｜
　　尚有／練囊，露螢／清夜／照／書卷。（上片）
　　－－　－｜　｜｜　｜－　－｜／｜　＋＋　－｜
　　荊江／留滯／最久，故人／相望／處，離思／何限。
　　｜｜　－－　－－　｜｜　＋｜　－－　＋｜
　　渭水／西風，長安／亂葉，空憶／詩情／宛轉。
　　－－　｜｜　｜　＋｜　－－　｜－　－｜
　　憑高／眺遠。正／玉液／新篘，蟹螯／初薦。
　　｜｜　－－　｜－　｜　｜
　　醉倒／山翁，但愁／斜照／斂。（下片）
```

上片第三均「靜掩」，下片第三均「眺遠」，第四均「照斂」，萬樹以為宜用「去上」。案：下片第一均「最久」，也宜用「去上」。又，下片第一均第一小句可作「－－｜－｜｜」；第三小句當作「－｜－｜」，或「｜－－｜」，但是方千里和詞作「關山又隔千里」六言，陸游（1125－1210）也作「酒薄怎當愁釀」，平仄不同。至於句法節奏的音節差異，大致見於五言律句。

　　又如辛棄疾（1140－1207）【賀新郎】：

　　十｜　　－　－｜　｜　－－　＋－　＋｜　｜－　－｜

綠樹／聽／鵜鴃。更／那堪／鷓鴣／聲住，杜鵑／聲切。

　　＋｜　　＋－　－　＋｜　＋｜　－－　＋｜　＋　　｜｜

啼到／春歸／無／尋處，苦恨／芳菲／都歇。算／未抵／

－－　　＋｜

人間／離別。

　　＋｜　　＋－　－＋　｜　｜　＋－　＋｜　－　－｜

馬上／琵琶／關塞／黑，更／長門／翠輦／辭／金闕。

　　＋　　｜｜　｜　－｜

看／燕燕，送／歸妾。　　　　　　（上片）

　　＋－　＋｜　－－　｜　｜　－－　＋－　＋｜　｜－

將軍／百戰／身名／裂。向／河梁／回頭／萬里，故人／

　－｜

長絕。

　　＋｜　　＋－　－＋　｜　＋｜　－－　＋｜　＋　　｜｜

易水／蕭蕭／西風／冷，滿座／衣冠／似雪。正／壯士／

－－　　＋｜

悲歌／未徹。

　　＋｜　　＋－　－＋　｜　·｜　＋－　＋｜　－　－｜

啼鳥／還知／如許／恨，料／不啼／清淚／長／啼血。

　　＋　　｜｜　｜　－｜

誰／共我，醉／明月？　　　　　（下片）

【賀新郎】的均拍，難以從歌詞判定；姑且判定如上。龍沐勛所訂平仄譜，較《詞律》《詞譜》爲寬。除第一均第一小句外，上、下片平仄相同。

由上舉六例，可以看出各詞牌自有其平仄譜，不與它曲相同。王力、詹安泰等人羅列二至七或十一言的句子平仄形式既有如此之多，限於篇幅，不能列出所有詞例。而且，目前討論各詞平仄律的圖譜甚多；繙閱各書，自然可以明瞭各詞牌的平仄格律，毋須在此詳述。

但是，由上面所引述的例子，我們已可以發現一個現象：詞固然是以「均」爲完整的意義單位；但是每一均中的節奏，各有其組織形式。大體而言，每一節奏的音節，聲調可能有兩個，但是主要聲調卻以其中一個爲主，如「清淚」在「淚」，「明月」在「月」。一句之中，相鄰節奏的主要聲調應是相對的；如果相鄰節奏的主要聲調相同，大約有三種情況：

（一）領調字、分句或語氣停頓處。領調字須外於小句，已見於「句法」節。如上舉【齊天樂】上、下片第三均第二小句句首「歎」「正」。分句如【采桑子】第一均兩小句之間。停頓處如【念奴嬌】下片的第一均第一小句前兩字須停頓；【滿庭芳】下片第一均第一小句首兩字也須停頓，或押韻。

（二）均末押韻處，尤其是上、下片末尾之處。在均末的如【永遇樂】第一均押韻處「－｜－｜」，蘇軾作「清景無限」。在上、下片末尾的如【念奴嬌】：「｜－／－｜／－｜」。姜夔作「冷香飛上詩句」。

（三）在五言或七言小句中三字分爲兩個節奏之處。五言如【菩薩蠻】上下片最後一小句。七言小句「上四下三」的如【千秋歲引】下片第一均第三小句，王安石作「可惜風流總閒卻」；「上三下四」句式如【滿庭芳】上片第三均，秦觀作「空／回首／煙靄／紛紛」。當然，五、七言律句中，意義形式的平仄律與律句節奏的音節形式可能有所出入。

由此可知：平仄律可以協助分清音節節奏，甚至於分辨「均」中小句；對格律有重大的關係。

此外，有部分詞牌的平仄格式極爲特別，如《詞譜·凡例》所稱：「有一句五字皆平聲者，如史達祖【壽樓春】詞之『夭桃花清晨』句；一句五字皆仄聲者，如周邦彥【浣溪沙慢】之『水竹舊院落』，俱一定不可易。」兩者都是宋代僅有之作，無從比勘。又蘇軾所作琴曲【醉翁操】歌詞，有「翁今爲飛仙」之句，五字皆平聲。這是特例，不可一概而論。

四、協韻

詩歌是以語言爲媒介的時間藝術：在時間的過程中，呈現其聲音之美。讀者或聽者透過文字符號還原爲語音符號，再還原爲意義。協韻即是每隔一段短時間，規則的出現某一種聲音，形成節奏，一種比雙音節大好多倍的節奏。這種節奏大抵以「均」爲單位。但並不是一均之中只有一個地方押韻；如果

121

換成現代音樂理論來說：一均大抵是一個大樂句，其中包含兩個小樂句（phrase）；每個小樂句又包含兩個母題（motive）。（一均有時是一個小樂句，含兩個母題；母題或可再分為部分母題。）押韻時可以用母題為單位，也可以用小樂句為單位，也可以用大樂句為單位，在每一單位之末押韻。如果就話語本身來說，大致是在一個意義完整的大句子末押韻，或在分句末甚至在每一話語停頓處押韻。

　　押韻是在單位末尾，是取每一詞語或音節的元音部分（有的元音被阻塞），就漢語而言即是韻母部分。在漢語中，每一個字或音節，可以分為聲母、韻母兩部分，聲母即輔音，韻母是元音。韻母可能是單元音，或複合元音，或加 i、u、y 元音在前的三合元音。押韻既在一個語言單位之末，必須是聲音的暫停；每次聲音暫停時都出現同一個音色的聲音——韻母——即可形成旋律，引起美感；就說話的人來說，也可因發聲器官在大約相等的短時間內有相同的運動而產生快感，（因為不是很密集而多量，不致於產生機械式的疲乏。）同時也是短暫的休息。這即是押韻的道理。

　　漢語韻書，歷代有專門著作，如《切韻》、《廣韻》、《集韻》、《禮部韻略》；作詩用《詩韻》。作詞，有人以為唐、宋時是以當時語音押韻；後來才有詞韻的編纂，較著名的是清朝戈載編的《詞林正韻》（1821年成書）。其中韻部的分合，不是本文討論的範圍；而平聲、上聲、去聲同部，則是詞韻與詩韻不同之處。

　　至於押韻的方式，學者已有許多論述。如王力論詞韻，除論平韻、仄韻一韻到底外，又論平仄轉韻（平轉仄、仄轉平）、迴環韻（甲乙甲乙），又依西洋詩之隨韻 aabb、抱韻 abba、似抱韻 abba acca、交韻abab、以及介於交韻抱韻間 aabccb 的用韻方式討論。註二七 夏承燾分爲十一類：一首一韻、一首多韻、以一韻爲主間叶他韻、數部韻交叶、疊韻、句中韻、同部平仄通叶、四聲通叶、平仄韻互改、平仄韻不得通融、叶韻變例。註二八 龍沐勛則分爲五類：平韻格、仄韻格、平仄轉換格、平仄通叶格、平仄韻錯叶格。註二九 謝雲飛分爲九類：一韻到底、主副韻交錯、一闋兩韻、兩韻交錯、多韻交錯、同韻疊出、句中押韻、通韻與改韻、其他。註三〇 他們大抵是以韻字的排列順序作爲討論的依據，已將押韻的情況說得極爲清楚。本文擬以「均」爲單位來探討詞的押韻方式。

　　上文曾談到：詞是以「均」爲音樂、歌詞的單位。因爲各均的時值大約相等；在大約相等的時間長度裏出現相同的韻母——元音，可以形成大節奏、旋律。各均中的小句，本身也可能是樂句組織單位(小樂句或母題)；小句與小句也可以押韻。甚至於小句末的節奏重複（主要是音樂的），這兩個重複的節奏也可以押韻。今分「單部韻」與「多部韻」兩類來敘述。爲

註二七　同註二，頁564—578。

註二八　同註二〇，〈詞韻約例〉，頁22—52。

註二九　龍沐勛：《唐宋詞格律》（臺北：里仁書局據1978年版影印）

註三〇　同註四，〈詞的用韻〉，頁85—101。

了討論方便，以阿拉伯數字代表小句字數，英文字母代表韻腳，大寫表平聲韻，小寫表仄聲韻，「，」表小句，「。」表均句，空一格(或分列兩行)表上、下片。

（一）單部韻

單部韻，指一首詞的韻腳，屬於同一詞韻的韻部。因聲調之不同，有平聲韻、仄聲韻的差異；就韻腳位置來說，有均句押韻，以及均句、小句混合押韻的情形。

1.平聲韻　均句押韻以慢詞等長篇詞牌較多。如：前引【八聲甘州】：

　　　8,5A。5,4,4A。6,5A。5,4A。
　　　6,5,4A。5,5A。8,7A。7,4A。

又如姜夔【揚州慢】：

　　　4,4,6A。5,5A。7,4,4A。3,4,4A。
　　　4,7A。5,4,4A。6,7A。3,4,4A。

短篇的，如【人月圓】：

　　　7,5A。4,4,4A。　4,4,4A。4,4,4A。

均句、小句混合押韻的情形，極為普遍。如前引【鬲溪梅令】：

　　　7A,3A。9A,5A。　7A,3A。9A,5A。(9A可視為6,3A)

【浣溪沙】則是：

　　　7A,7A。7A。　7,7A。7A。

有的詞牌押韻以均為單位，下片第一均內的小句或有短韻，如【滿庭芳】：

　　4,4,7A。4,5A。6,7A。3,4,5A。

　　5,4,4A。5,4A。6,7A。3,4,5A。

下片第一均的第一小句五言，第二字可以押韻；如秦觀作「消魂、當此際」，「魂」押韻；周邦彥作「年年、如社燕」，下「年」押韻；似以押韻為主，但仍有不押韻的，如蘇軾、黃庭堅、秦觀各有不押韻之作。

　　2.仄聲韻　均句押韻仍以長篇慢詞為多，如前引【念奴嬌】：

　　4,5,4a。7,6a。4,4,5a。4,6a。

　　6,4,5a。7,6a。4,4,5a。4,6a。

均句、小句混合押韻的情形最長見，如前引【長亭怨慢】：

　　7a,4,4a。4,7a。4,6a。5,7a。

　　2a,5,6a。4,7a。7,7a。5,6a。

又如前引【點絳唇】：

　　4,7a。4a,5a。　　4,5a。3a,4a,5a。

　　3.平、仄聲韻通協　依平仄律來說，同部的平聲韻與仄聲韻是不同的；就音色律來說，它們的韻母相同，或說元音相同，不同的是聲調。因此《詞林正韻》等詞韻書將韻母相同的編為同部。通叶的如【西江月】：

　　6,6A。7A,6a。　　6,6A。7A,6a。

蘇軾一首作「6A,6A。7A,6a。　6A,6A。7A,6a。」每一小句都押韻。宋末趙與仁一首作「6,6A。7A,9A。　6,6A。7A,9A。」押平聲韻。又如【渡江雲】平聲韻，周邦彥在下片

125

第一均末押「處」字，萬樹以為也是平仄聲通叶；但是陳允平有一首全押平聲，一首全用入聲，入可代平，他似乎不是平仄聲通叶。【曲玉管】也是平仄通叶

4.特例 在單部韻詞中，還有一些特別的形式：有的韻腳重複，如【長相思】，上、下片的前兩小句韻腳重複，「3Ar,3Ar,7A。5A。 3Ar,3Ar,7A。5A。」「r」指重複的韻腳。又如獨木橋體，黃庭堅有【阮郎歸】一首，均末都押「山」字，均中小句押韻處用同部字；又如通首以同一字為韻，《草堂詩餘》錄黃庭堅【瑞鶴仙】檃括歐陽脩〈醉翁亭記〉，通首以「也」字為韻。至於辛棄疾有一首【水龍吟】，在每個韻腳下加「些」字當作吟誦的語氣詞，如部分《詩經》篇章的韻腳後有「兮」字一樣，並不是韻字。

（二）多部韻

多部韻，指一首詞的韻腳，分別在兩個（含）以上的韻部。這類詞牌，大抵比較短小；始見的時代也比較早。就韻腳位置來說，大體是以均句、小句混合押韻為主；而且往往是平聲韻與仄聲韻交替出現。若以韻部出現的順序來說，可以分為以下數類：

1.異部依序換韻 指韻腳由甲部、乙部、丙部、丁部依序或平聲換仄聲韻，或仄聲換平聲韻，並不重複其中任何一部。如：

(1)上、下片異部，如：【清平樂】：

4a,5a。7a,6a。　7B,7B。7,6B。

(2)以均為單位換韻：每均一韻部，各均內部分或全部小句同韻部。每一小句都押韻的，如前引【菩薩蠻】：

7a,7a。5B,5B。　5c,5c。5D,5D。

又如前引【虞美人】之《花間集》體：

7a,5a。7B,7B,3B。　7c,5c。7D,7D,3D。

部分小句押韻的，如【更漏子】：

3,3a,6a。3,3B,5B。　3c,3c,6c。3,3D,5D。

下片第一均第一小句可以不押韻。

(3)以均為單位，但並不每均換韻，如單片的【蕃女怨】：

7a,4a。3,3a,4a。7B,3B。

(4)均句同韻部，其中某均內小句自為一韻，如短篇的【女冠子】：

4a,6a,3B。5,5B。　5,5B。5,3B。

或均中部分小句自為韻，如雙片的【荷葉盃】：

6a,2a,5B。7B,5B。　6c,2c,5D。7D,5D。

則是上、下片韻部不同，各片內均句同韻部，均內小句或自相為韻。本詞似是合兩首單片詞變化而成。

2.異部交替換韻　指不同部的韻腳，依韻部甲、乙、丙交替出現，其中某些韻部重復出現。如：

(1)以均為單位，兩部韻交替出現，如【攝芳詞】：

3a,3a,7a。3b,3b,4,4b。　3a,3a,7a。3b,3b,4,4b。

127

【釵頭鳳】僅在各片之後加「1b,1b,1b.」疊字。

(2)均末的韻腳同部，部分均中的部分小句或自相為韻，如【定風波】：

　　7A,7A。7b,2b,7A。　7c,2c,7A。7d,2d,7A。

其中的二字小句，與其所接承的七言小句為韻。又如【相見歡】：

　　6A,3A。6,3A。　3b,3b,3A。6,3A。

下片第一均前兩個三言小句，實際上是由六言小句變化而成。又如溫庭筠作單片【荷葉盃】：

　　6a,2a,3B。7c,2c,3B。

五代時顧夐所作二十六字，字數不同而韻式與此相同。又【訴衷情】除魏承班所作一韻到底外，也是如此。

3.特例　晚唐、五代時期（約西元第九世紀中期至十世紀中期）有些詞牌的押韻形式比較特別。有的詞牌須重複韻腳，如【調笑令】：

　　2ar,2ar,6a。6B,6B。2cr,2cr,6c。

二言小句須重複文字，第三均的二言小句係將第二均末兩字顛倒次序為文句。又【如夢令】：

　　6a,6a。5,5a。2ar,2ar,6a。

也是二言小句重韻。

有的詞牌雖然同名，卻有不同的押韻方式，如【酒泉子】：《詞律》錄二十體；《詞譜》錄二十二體。即使同一人

所作，也不一致；如顧夐七首，各具面貌。如將《花間集》所錄，仔細分析，無論字數如何，大致可以因每片的第二均是二個三言小句或一個七言句來分別異同；其間又有首句押韻與否的差異。但是，不管哪一式，上、下片末三字相爲韻。且若第一均第一小句押韻，則又與第一小句同韻部；似乎是唐人和聲之遺。舉四式爲例：

韋　莊　　4A,6b。3,3b。3A·　7c,6c。3,3c。3A·
孫光憲　4, 6b。3,3b。3A·　7c,5c。3,3c。3A·
顧　夐　4A,7b。　7A。3A·　7b,7b。3,3b。3A·
顧　夐　4, 6,　7A。3A·　7A, 5。　7A。3A·

宋人潘閬（ ?--1009）十首，作「4,7。7A,5A。　7b,7b。7C,5C。」形式，片末五字與上句合爲均句。但是，晏殊、晁補之、曹勛（ 1098--1174）、辛棄疾諸人都作「4(A),7,7A。3A·　7A。7,7A。3A·」上、下片末三字或與上句合或否，與《花間集》不同。這種互有差異的情況，除【酒泉子】外，還有其它詞牌。蕭繼宗說：「初期小令，體式變化，往往繁甚。如【訴衷情】、【上行盃】、【河傳】之類，語句參差，不易董理。」[註三一] 或許當時這些詞牌還沒有形成一致的格律。但是，以均爲單位去分析，大致可以尋繹出其中道理。

[註三一] 同註一〇，頁363。

五、結語

　　「詞」原來是曲子歌詞；在首次配合樂曲而存在的時候，詩人或歌唱家，也許只考慮詞語與樂譜音符配合的效果。到配詞完成後，如果不再考慮其音樂特性，可以視爲詩歌；這歌詞具有特殊的語言音律。若有人依此歌詞仿作，以替代原歌詞，這仿作的歌詞又具有特定的音樂特性。原歌詞的語言音律特點，就成了此曲子歌詞的格律。

　　詞譜格律與語言音律的關係已如上述。以音節而言：其詞句節奏的音節形式已非律句所能包含；加上意義形式的影響，句法因此有極大的變化。而聲調平仄的變化，基本上有特定的限制，但是受到音節形式的影響，律句的平仄律產生變化，變成以音節形式中主要音節的聲調爲平仄交替的節奏效果；否則便是句法上的特別形式。至於押韻，平聲韻、仄聲韻，或平聲仄聲韻混合押韻；都有規矩。這些格律，是以「均」爲單位，而不是以小句爲單位。「均」不僅是音樂的，也是意義的單位。

　　詞譜既有其格律，要以此詞譜寫作，就必依此格律；因而詞就變成了「律詞」，^{註三二}　可以脫離音樂而自成長短句形式的格律詩歌。一如唐代近體詩，有其格律在，依其格律列爲近

註三二　洛地：〈 "詞" 之爲 "詞" 在其律——關於律詞起源的討論〉，《文學評論》（1994年2期）曾論及律詞之形成，以及詞律、非詞律的差異。頁5--14。

體，否則不是近體；依詞的格律作長短句詩歌即是詞，否則不是詞。

　　但是，談論詞譜格律與語言音律的關係，有一件困擾的問題：同一名稱的詞牌，格律也極爲接近，只是字數略有增減，或協韻方式略有差異，或平仄略有不同，是否可以視爲同一詞牌？或者當作另一詞牌？如上述【酒泉子】等，譜律諸書往往因字數不同而分體；格律不盡相同的，譜律諸書也分體。如果就音樂的角度來看，似乎不必分爲另一體；因爲所依附的曲譜相同。如果就語言音律來說，既然字數不同，則句法不同,平仄律也不相同，應是另一首格律詩。萬樹《詞律·發凡》說：「同是一調，字有多少，則調有短長，即爲分體；若不分，何以爲譜？」即是依語言音律立說。

131

伍　結論

　　詞是晚唐、五代與宋朝時期的歌詞；與《樂府詩集・近代曲辭》所錄的隋、唐雜曲，皆屬同一音樂系統。但是語言形式有所不同：詞是以雜言的長短句為主，隋、唐雜曲歌詞是以齊言為主。其音樂與漢、晉時期的中國音樂不同；是出於四世紀末逐漸輸入中國的胡戎樂，經過長久的時間，與中國音樂融化而成的新音樂——新聲。唐代稱為「俗樂」，宋代稱為「燕樂」。

　　從前面的討論，我們可以知道隋、唐的新音樂是緩慢形成的。當時的歌詞，據現存文獻，可知是以詩人之詩為歌詞；以齊言為主，但並不表示其間沒有雜言詩。

　　唐玄宗喜好音樂，設置左、右教坊與內教坊、梨園等。當時長安的妓館很多，有許多著名樂工、樂人；音樂活動極為發達。(詳見岸邊成雄《唐代音樂史的研究》一書)可是當時文士以詩相尚，以詩為名；除古詩的歌行體外，無暇注意當時的雜言詩。一般詩人注目的，是歌妓善於唱詩人的詩，並以為勝事；這可從前文所引「旗亭畫壁」的故事，以及白居易、元稹等人詩文中津津樂道歌妓唱我詩的情事看出。晚唐時溫庭為歌妓作歌詞，就被鄙薄為「士行塵雜」；文士之不樂意為歌曲作歌詞，於此可見。

安、史之亂，使得許多京師樂工流落江南等地，也使長安地區的教坊新聲流傳各地。也許當初以唱詩爲歌詞的方式，漸漸不能滿足聽眾的需求；而有文人嘗試爲曲子寫作雜言歌詞。這些歌詞，比早先樂人所作的歌詞好聽，又有文學之美；於是引起詩人注意。慢慢的有更多的詩人樂意作長短句的雜言歌詞，稱爲「曲子詞」，蔚成風氣。終於使得雜言歌詞成爲詩歌的一支，成爲一種文類，即後世所稱的「詞」。

唐、宋時，燕樂不僅用於酒筵歌席的清唱，有的還配合舞蹈演出。用於舞蹈的，由許多樂章組成，合器樂曲、歌、舞爲一體；又因樂器與樂曲特性、表演方式的差異，有大曲、法曲、曲破的不同。這種舞曲，也可以摘出其中部分樂章來清唱；或將其中某樂章改爲小唱曲子的形式，成爲普通的歌曲。

這些燕樂歌曲，因爲音樂性質的差異，節奏不同，樂句長短不同，樂句組織不同，而有令、引、近、破、慢、序子等名目；或因摘自大曲、法曲、曲破，仍襲用大曲、法曲、曲破的樂章名稱。又因表演方式差異，如聯成套曲形式，有鼓子詞、纏令、纏達、賺等名。其歌詞也就以歌曲的名目爲類，稱令、引、近、慢、……等等。

詞既是歌詞，自然要配合音樂的抑揚頓挫。詞與音樂的配合，就歌詞本身而言：聲調平仄、句子長短、句子的節奏、押韻，都要與樂曲抑揚遲速配合。漢語的平仄四聲，具有長短、高低的性質，但並不是一定的四聲配一定的音樂音律。四聲與音樂的配合，須視音律前後對應關係而定。——可是樂人歌唱

時，對不合律的字，又有融字的方式可以處理；因此，詞的四聲並非絕對不可變易，這種情形可以在精通音樂的詞人如柳永、周邦彥、姜夔的作品中看到。

　　樂曲表演時，旋律或上行或下行，節奏或快或慢，節拍或進行或休止。因此，歌詞的寫作，語言的節奏要與音樂節奏相配，句子或語詞要與樂曲節拍相合，完整意義的句子要與樂句配合。詞的語言格律因此形成。

　　歌詞既要配合樂曲的旋律節奏，語言本身也有音律節奏。語言的音律，即節奏、平仄、音色，是歌曲配詞時要講究的。因此語言的音律與詞譜格律有密切關係。這些關係，已見於前面的討論。但是，並非所有詩人都通曉因音樂，知道如何配歌詞；因而須依賴知樂詩人或通曉文墨的樂人。他們爲樂曲配詞，必可詩、樂相合，使歌曲美聽。其他詩人見此歌曲美聽悅耳，或許依原歌詞的語言格律另作歌詞來唱。於是歌詞的語言格律就固定下來，成爲該曲子歌詞仿作者依循的矩矱。

　　在前面的討論中，我們發現：同一詞牌的歌詞，字數或有些許出入，文句也或有參差。如果就音樂來說：仍是同一歌曲，只是詩人倚聲配詞時，可以移動文句的節奏點，以變化其語句。但是若依歌曲語言音律來說，格律固定之後，不宜增減字數或更改句法；則同一曲子有不同體。這是從兩個不同的角度來討論，不可混而爲一。今日詞樂既已消失，作詞者也只能依固定語言格律寫作，不宜妄加更易；更不宜自我作古，創造新「詞譜」。

此外，尚有一些問題無從討論，如聲腔與節拍問題。聲腔與節拍相互依存，而且牽涉到語音與音樂配合的問題。雖然張炎在《詞源‧拍眼》中曾談到「節拍」問題，卻語焉不詳；只知道有官拍、花拍（豔拍）；打前拍、打後拍，其餘不可得知。近時學者考知唐、宋時是韻律性節拍，非定量性節拍。以此而論，歌詞每「均」的句法（節奏），便不是固定不可移易。至於聲腔，如何發聲，如何引氣，如何拖腔，已無從得知。加以晚唐以迄宋代的語音聲調值，尚未考明；以致歌詞四聲與樂曲配合的原則難詳。這些問題，如果能考察清楚，對詞譜格律的瞭解，必能更進一層。

傳統的中國文人大抵不精通音樂，心態又較保守。不通音樂的詞人作歌詞，逐漸走上「依律作詞」的模式，把歌詞當作格律詩寫作，像作絕句、律詩一般；因此有人稱為「律詞」。也因此，文人寫詞偏向於某些詞譜；若無通曉音樂的詩人另作新詞，也就沒有新的詞譜可依循以作新詞。

時代不斷移易，音樂也不斷更新，語言也隨時緩緩變化。知樂文人為新時代的樂曲作歌詞，其語言形式、歌詞特徵也許與早期──晚唐、五代、北宋──歌詞不同，逐漸演變成為具有另外特色的音樂文學，如南宋時的賺、纏令，以及演變為後來的北曲、南曲。可是，大部分保守的文人，保守舊有且熟悉的詞譜寫作；一如中、晚唐時期的詩人，很少有人為新聲作長

短句的歌詞。唐、宋歌詞的音樂，隨時間而改變；每首歌曲不可能長遠流傳，而是日漸沒有人能歌唱。詞樂於是消亡。

　　詞樂消亡之後，詩人所作之詞，自然如格律詩一般，只是語言形式比格律詩多一些變化。將詞視為長短句的格律詩來作，固然無可非議；將詞視為律詞，也未嘗不可。但是，如果一定要將「詞」視為卑於「詩」的文類，不是出於「崇古」的心理，便是不很正確的文學觀念，不公正的文學態度。同樣的，若以為「詞」優於「曲」，也犯了相同的錯誤。詩也好，詞也好，曲也好，以至於現代的新詩，都是詩人精心創作的藝術。這是吾人應有的態度與觀念。

參考文獻

(以作者姓氏筆劃為序)

丁邦新：〈從聲韻學看文學〉，《中外文學》四卷一期
　　　（1975.06）

大理市下關文化館編：《大理洞經古樂》（昆明：雲南人民出
　　　版社，1990）

王　力：《詩詞格律》，《王力文集第十五卷》（濟南：山東
　　　教育出版社，1989）

王　力：《漢語詩律學》（上海：上海教育出版社，1988）

王　灼：《碧雞漫志》（臺北：藝文印書館《百部叢書集成》
　　　影印清代鮑氏《知不足齋叢書》本）

王忠林：《中國文學之聲律研究》（臺北：臺灣師範大學博士
　　　論文，1962）

王弈清等：御製《詞譜》（聞汝賢據清刊本印本，1964）

王風桐、張林：《中國音樂節拍法》（北京：中國文聯出版公
　　　司，1992）

王偉勇：〈以唐、五代為例試述詞律之形成〉，《東吳文史學
　　　報》第十一號（1993.03）

王敪彬：《漪痕館詞譜》（臺北：老古出版社，1978）

王運熙：〈論六朝清商曲中之和送聲〉，《六朝樂府與民歌》
　　　　（臺北：鼎文書局據1955年版影印，《中古文學概
　　　　等五書》之一），1977

王應麟：《玉海》（臺北：華文書局據元後至元二年(1336)慶元
　　　　路儒學刊本影印）

白居易[汪立名編]：《白香山詩集》（臺北：世界書局，
　　　　1978）

任二北：《教坊記箋訂》（臺北：宏業書局影印，1973）

任二北：《敦煌曲校錄》（臺北：世界書局《全唐五代詞彙
　　　　編》之一，1971）

任二北：〈南宋詞之音譜拍眼考〉，《東方雜誌》24卷12號
　　　　（1927年6月）

任二北：〈增訂詞律之商榷〉，《東方雜志》26卷1期
　　　　（1929.1）

任半塘：《唐聲詩》（上海：上海古籍出版社，1982.）

向　達：《唐代長安與西域文明》（臺北：明文書局影印，
　　　　1981）

余冠英：《漢魏六朝詩論叢》（臺北：鼎文書局影印，《中古
　　　　文學概等五書》之一，1977）

吳　梅：《詞學通論》（臺北：臺灣商務印書館，1967）

吳迦陵：〈宋詞音譜的形跡〉，《詞學》第三輯（上海：華東
　　　　師範大學出版社，1985）

映　庵：〈詞律拾遺補〉，《同聲月刊》第一卷十二號，第二
　　　　卷一、二、四號（1941.11－1942.04）

映　庵：〈詞律拾遺再補〉，《同聲月刊》第二卷五、七、
　　　　八、九、十、十一、十二號，第三卷一、二號
　　　　（1942.05－1943.03）

岑仲勉：〈續貞石證史〉（中央研究院歷史語言研所究集刊第
　　　　十五本，1948）

杜　佑：《通典》（臺北：大化書局據明本影印）

李殿魁：〈從詞曲的格律探討詩詞的吟唱〉，《古典文學》第
　　　　七集（臺北：臺灣學生書局，1985）

李殿魁：〈傳統戲曲與現代音樂的關係〉，《語言與音樂》
　　　　（丹青圖書公司，1986）

沈　約：《宋書》（臺北：藝文印書館據清乾隆武英殿本影印）

沈英名：《孟玉詞譜》（臺北：佩文書社，1962）

沈義父：《樂府指迷》（臺北：新文豐出版公司　唐氏《詞話
　　　　叢編》本，1988）

汪志勇：《詞曲概論》（臺北：華正書局）

岸邊成雄：《唐代音樂史的研究》［梁在平、黃志炯譯］（臺北：
　　　　臺灣中華書局，1973）

林明輝：《宋　姜夔詞樂之研究》（高雄：復文圖書出版社，
　　　　1992年）

林玫儀：〈令引近慢考〉，《古典文學》第四集（臺北：學生
　　　　書局，1982年12月），又見《詞學考詮》（臺北：聯
　　　　經出版公司，1987）

林玫儀：〈由敦煌曲看詞的起原〉，《書目季刊》八卷四期
　　　　（1975年3月），又見《詞學考詮》（臺北：聯經出
　　　　版公司，1987）

林謙三：《隋唐燕樂調研究》〔郭沫若譯〕（臺北：鼎文書局
　　　　影印，《近古文學概論等三書》之一，1974）

長孫無忌等：《隋書》（臺北：藝文印書館據清乾隆武英殿本
　　　　影印）

姜　夔：《白石道人歌曲》（臺北：世界書局據《彊村叢書》
　　　　影印，1967）

姚莘農編：《詞樂叢刊》第一集（香港：南風出版社，1958）

施議對：《詞與音樂關係研究》（北京：中國社會科學出版
　　　　社，1985）

洪惟助：《詞曲四論》（臺北：華正書局，1977）

洛　地：〈"詞"之為"詞"在其律——關於律詞起源的討
　　　　論〉，《文學評論》（1994年2期）

胡　仔：《苕溪漁隱叢話》（臺北：世界書局，1976）

唐圭璋：《全宋詞》（北京：中華書局，1965）

夏承燾：《唐宋詞論叢》（香港：中華書局，1985年重印）

徐　棨：《詞律箋榷》五卷，《詞學季刊》第二卷第二號
　　　　（1935.01）、第二卷第三號（1935.04）頁97—

122。第二卷第四號（1935.07）頁83—114。第三卷第一號（1936.03）頁79—111。第二卷第二號（1936.06）

徐信義：《張炎詞源探究》（臺灣師範大學碩士論文，1974）

徐信義：《詞學發微》（臺北：華正書局，1985）

徐信義：《碧雞漫志校箋》（臺灣師範大學博士論文，1981）

徐信義：〈唐宋曲子漸興於隋說〉《慶祝陽新成楚望先生七秩誕辰論文集》（臺北：文史哲出版社，1981）

徐信義：〈論詞之格律與音樂的關係〉，「第一屆詞學國際研討會」論文（臺北：中央研究院中國文哲研究所籌備處，1993.04）

徐信義：〈論詞譜格律與語言音律的關係〉，「國際宋代文學研討會」論文（香港：浸會大學，1994.12）

桑原騭藏：《隋唐時代西域人華化考》[原名《關於隋唐時代來住中國之西域人》]（臺北：新文豐出版公司據1936年本影印，1979）

馬興榮：《詞學綜論》（濟南：齊魯出版社，1989）

高更生等：《現代漢語》（濟南：山東教育出版社，1984）

張世彬：《中國音樂史論述稿》（香港：友聯出版公司）

張夢機：《詞律探原》（臺北：臺灣師範大學博士論文，1981）

啓　功：《詩文聲律論稿》（香港：中華書局）

梅應運：《詞調與大曲》（香港：新亞研究所）

郭茂倩：《樂府詩集》（臺北：世界書局據宋刊本影
　　　印,1967）

陳　銳：〈詞比‧律調第三〉，《詞學季刊》第一卷貳號
　　　（1933.8）

陳弘治：《詞學今論》（臺北：文津出版社）

陳匪石：《宋詞舉》（臺北：正中書局，1970）

曾永義：《詩歌與戲曲》（臺北：聯經出版公司，1988）

童　斐：《中樂尋源》（臺北：學藝出版社影印，1976）

黃永武編：《敦煌寶藏》（臺北：新文豐出版公司）

黃坤堯、朱國藩編：《大江東去——蘇軾念奴嬌正格論集》
　　　　　（香港：香港中文大學吳多泰中國語文研究中心，
　　　1992）

楊易霖：《周詞訂律》（臺北：學海出版社據1935年本影印，
　　　1975）

楊蔭瀏：《中國古代音樂史稿》第一冊（臺北：丹青圖書公司
　　　重排印本，1985）

楊蔭瀏：〈語言音樂學初探〉，《語言與音樂》（臺北：丹青
　　　圖書公司據1983年版重排印，1986）

萬　樹：《詞律》（臺北：廣文書局索引本，據杜文瀾校刊本
　　　影印，1971）

葉　棟：《唐代音樂與古譜譯讀》（西安：陝西省社會科學院
　　　出版發行室，1985）

詹安泰（湯擎民整理）：《詹安泰詞學論稿》（廣州：廣東人民出版社，1983）

臺靜農：〈從「選詞以配音」與「由樂以定詞」看詞的形成〉，《現代文學》33期（1967年12月）

趙爲民、程郁綴編：《詞學論薈》（臺北：五南出版社，1989）

趙崇祚：《花間集》（臺北：藝文印書館據南宋刊本影印）

趙尊嶽：〈讀魏氏樂譜記〉，姚莘農編《詞樂叢刊》第一集（香港：南風出版社，1958）

劉　昫：《舊唐書》（臺北：藝文印書館據清乾隆武英殿本影印）

歐陽脩等：《新唐書》（臺北：藝文印書館據清乾隆武英殿本影印）

潘重規：《敦煌詞話》（臺北：石門圖書公司，1981）

鄭　騫：《景午叢編》（臺北：臺灣中華書局）

鄭孟津：《詞源解箋》，（浙江：浙江古籍出版社，1992年)

盧元駿：《四照花室詞譜》（臺北：正光出版社，1976）

蕭子顯：《齊書》（臺北：藝文印書館據清乾隆武英殿本影印）

蕭繼宗：《評點校注花間集》（臺北：臺灣學生書局，1977）

蕭繼宗：《實用詞譜》（臺北：中華叢書編審委員會，1957）

賴橋本：〈溫庭筠與詞調的成立〉，臺灣師範大學《國文學報》第八期（1979）

龍沐勛：《唐宋詞格律》（臺北：里仁書局據1978年版影印）

龍沐勛：〈詞律質疑〉，《詞學季刊》1卷3號（1933.12）
　　　　（臺北：臺灣學生書局據原本影印，1967）

龍沐勛：〈詞體之演進〉，《詞學季刊》創刊號（1933.04）

謝雲飛：《文學與音律》（臺北：東大圖書公司，1978）

藍少成、陳振寰主編：《詩詞曲格律與欣賞》（桂林：廣西師
　　　　範大學出版社，1987）

魏　收：《魏書》(臺北：藝文印書館據清乾隆武英殿本影印)

羅肇錦：《台灣的客家話》（臺北：台原出版社，1990）

羅聯添：〈唐詩人軼事考辨：六、王之渙〉（國立編譯館館刊
　　　　第八卷第一期，1979）

關志雄：〈張炎詞源謳曲旨要考釋〉，《宋音卷》（香港詞曲
　　　　學會編印，1969年）

嚴賓杜：《詞範》（臺北：中華叢書編審委員會，1957）

蘇　軾：《東坡題跋》（臺北：廣文書局）

饒宗頤、戴密微：《敦煌曲》（法國・國家科學研究院）

饒宗頤：《詞籍考》（香港：香港大學，1963）

饒宗頤：〈魏氏樂譜管窺〉，《詞樂叢刊》第一集（香港：南
　　　　風出版社，1958）

饒宗頤編：《敦煌琵琶譜》（臺北：新文豐出版公司，1990）

＊說明＊

1.臺灣地區出版圖書原以民國紀年標識出版時間，今換算為西曆公元紀年。

2."〈〉"表單篇論文；"《》"表專書著作。